成都市先进材料
产业生态圈发展蓝皮书

（2019）

CHENGDU SHI XIANJIN CAILIAO
CHANYE SHENGTAIQUAN FAZHAN LANPISHU（2019）

成都市经济和信息化局　编著

西南财经大学出版社

中国·成都

图书在版编目(CIP)数据

成都市先进材料产业生态圈蓝皮书.2019/成都市经济和信息化局
编著. —成都:西南财经大学出版社,2021.4
ISBN 978-7-5504-4834-6

Ⅰ.①成… Ⅱ.①成… Ⅲ.①材料工业—产业发展—研究报告—
成都—2019 Ⅳ.①F426

中国版本图书馆 CIP 数据核字(2021)第 054160 号

成都市先进材料产业生态圈蓝皮书(2019)

成都市经济和信息化局 编著

责任编辑	金欣蕾
封面设计	墨创文化
责任印制	朱曼丽
出版发行	西南财经大学出版社(四川省成都市光华村街 55 号)
网　　址	http://www.bookcj.com
电子邮件	bookcj@swufe.edu.cn
邮政编码	610074
电　　话	028-87353785
照　　排	四川胜翔数码印务设计有限公司
印　　刷	四川五洲彩印有限责任公司
成品尺寸	210mm×285mm
印　　张	7
字　　数	86 千字
版　　次	2021 年 5 月第 1 版
印　　次	2021 年 5 月第 1 次印刷
书　　号	ISBN 978-7-5504-4834-6
定　　价	68.00 元

党的十九大报告提出，促进我国产业迈向全球价值链中高端，培育若干世界级先进制造业集群。先进材料是国家建设和发展国民经济的先导性产业、高端制造业以及国防工业的基石之一，已成为世界各个国家抢占未来经济发展制高点的重要领域。大力推动先进材料产业发展，既能补上工业"短板"，让发展更有底气，又能通过基础产业创新寻找新动力源，对于促进国家科技创新、实现经济社会发展和增强国防实力意义重大。

当前，全球先进材料的发展有交叉联合化、民用化、区域集中化、绿色低碳化四大趋势。其主要具有四个特点：一是上下游进一步融合，多学科进一步交叉，多部门联合进一步加强；高性能、低成本及绿色化发展趋势明显。二是先进材料产业不断整合和重组，世界先进材料产品的生产技术主要由杜邦、巴斯夫、拜耳、塞拉尼斯、GE塑料、日本帝人、韩国LG化学等大型跨国公司掌握。三是国际巨头在全球范围内扩张，已形成全球产业链；全球化经销趋势日益明显；亚太地区发展迅速，已成为投资和发展的热点。四是产业规模在继续扩大，新品种层出不穷，产业整体在向高质量发展方向不断迈进。

在全球宏观环境中，美国政府将其"国家纳米技术计划"列为第一优先科技发展计划。德国政府在重点发展领域均将先进材料列为首位，将纳米技术列为科研创新的战略领域。日本政府在"科学技术基本计划"中重点提出发展新材料技术。近年来，我国不断助推新材料产业发展，工业和信息化部、国家发展和改革委员会、科学技术部、财政部等部委相继发布了多个新材料产业专项扶持政策，着力于帮助新材料企业解决资金、测试评价、生产应用、产业资源共享等方面的关键问题，为新材料产业技术升级和发展营造了良好的氛围。在下游市场，新能源汽车、电子信息、第五代通信技术（5G）的应用、新型基础设施建设等对新材料的需求也在不断增长，为新材料产业发展奠定了良好的产业基础。从产业内部来看，以关键战略材料为代表的新材料产业快速发展，新的应用领域不断为新材料产业注入新的增长动力。而在当前复杂的国际环境下，高性能纤维等部分先进材料的国产化进程也正在加快。

近年来，成都市深入贯彻国家和四川省关于高质量发展的一系列决策部署，全力打好"产业基础高级化，产业链现代化"攻坚战，陆续出台了《中共成都市委关于全面贯彻新发展理念加快推动高质量发展的决定》和《成都市高质量现代化产业体系建设改革攻坚计划》等政策文件，进一步明确了成都市先进材料产业发展方向，在全市范围内设立了14个产业生态圈，加快构建具有全球竞争力的产业生态圈，打造城市发展竞争新优势。先进材料产业生态圈作为成都市重点产业生态圈之一，依托彭州、青白江、邛崃等先进材料产业功能区载体，聚集高端资源，加速集群成链，创新要素供给，推进产业与城市融合发展。

为进一步厘清成都市先进材料产业生态圈的发展思路，加快对先进基础材料、关键战略材料、前沿新材料的研究与产业化突破，培育一批具有关键材料自主设计研发能力的重点企业技术中心，掌握一批重点领域的关键核心技术，建设国内知名的先进材料研发制造基地，加快形成核心产业支撑能力强大、生态要素完备、资源流动顺畅的先进材料产业生态圈，成都市经济和信息化局特编制了《成都市先进材料产业生态圈发展蓝皮书（2019）》。

成都市经济和信息化局

2021年1月

目 录

1

规划篇 / / 39

附 录

综合篇

第一章
2019年成都市先进材料产业生态圈建设情况

一、总体情况

按照成都市委市政府系列部署要求，经过两年多努力，先进材料产业生态圈建设取得阶段性成效，率先促成了碲化镉大面积发电玻璃等全球领先材料的产业化，引进培育了第三代化合物半导体等一批产业急需的重大先进材料项目，成功实现了"成都造"高端装备材料在复兴号车组、辽宁号航母、华龙核电、新型航空航天装备等国之重器上的应用，培育发展了一批国际领先、国内领先的芳纶Ⅱ、芳纶Ⅲ、聚对苯撑苯并二噁唑（PBO）特种纤维及玄武岩纤维等高性能纤维及其复合材料，推进国家产业基础高级化建设和服务全市主导产业现代化建设的能力不断提升。

2019年，成都市先进材料产业规模以上工业企业达到588户，实现主营收入1 403.7亿元，同比增长21.6%；实现利润83.6亿元，同比增长24.4%。力争到2025年，成都市先进材料产业主营业务收入突破2 500亿元，产业规模进入全国前列。2018年和2019年成都市先进材料产业规模以上企业主营业务收入见图1-1-1。

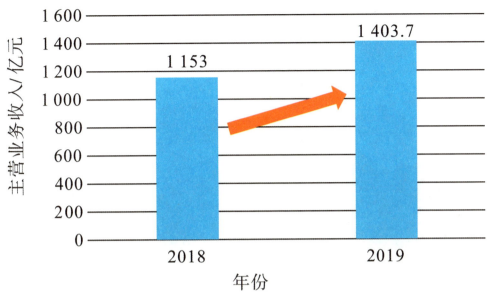

图1-1-1　2018年和2019年成都市先进材料产业规模以上企业主营业务收入

二、发展成效及特点

（一）产业载体起步成势

1. 产业发展空间格局基本形成

成都市以生态圈构建为核心，充分发挥先进材料作为产业基础支撑的作用，围绕功能区自身资源禀赋和发展基础，统筹各功能区产业细分方向；主动加强对电子信息、装备制造、医药健康等主导产业的协作配套；构建优化以高纤复材和新型金属功能材料及其制品的生产研制为主导的青白江先进材料产业功能区、以先进高分子材料为主导的成都新材料产业功能区、以化合物半导体和新能源动力电池为主导的天府新区新能源新材料产业功能区三个主体功能区和其他八个产业协同发展区。成都市先进材料产业生态圈空间布局见图1-1-2。

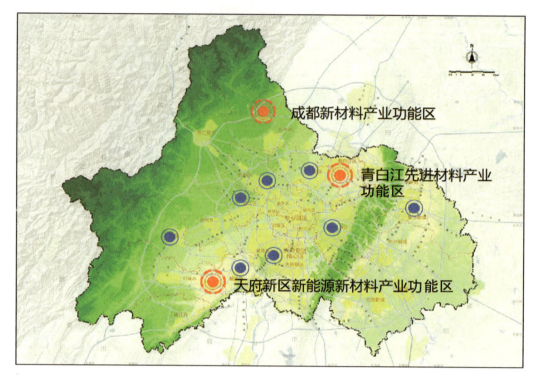

图1-1-2　成都市先进材料产业生态圈空间布局

2.产业功能区顶层规划基本完成

青白江先进材料产业功能区、成都新材料产业功能区、天府新区新能源新材料产业功能区三个主体功能区积极开展产业功能区总体规划、产业规划和详细控制规划，以及"两图一表"的编制工作，形成指导产业功能区建设和主导产业发展的顶层规划设计。

3.产业功能区发展情况良好

截至2019年年底，三个主体产业功能区共有规模以上工业企业236户，占成都市先进材料产业规模以上工业企业数的40.14%；实现营业收入958.63亿元，占成都市先进材料产业营业收入的68.3%。2020年第一季度，三个主体产业功能区共实现主营业务收入175.2亿元，完成投资23.97亿元。

（二）产业链"成链成群"发展

1. 服务成都市主导产业链现代化建设

一是服务电子信息产业，成功招引第三代化合物半导体材料龙头企业——国民天成，促进拥有自主知识产权的路维光电高世代掩膜版重大项目落地投产，推动电子陶瓷、电子薄膜、电子浆料、集成电路覆铜板等电子信息用关键材料研发进程。二是服务装备制造产业，推动航宇超合金高温合金、天马轴承、攀钢板材等项目成功投产，促进美奢锐碳氮化钛硬质合金、虹波实业钨钼硬质合金等项目成功实现产业化。三是服务汽车产业，先后引进天津爱敏特正负极材料、融捷新能源汽车电池产业园项目、巴莫科技三元正极材料、华鼎国联动力电池等重点项目，围绕氢燃料电池关键材料加快引进头部企业，成功获批全国氢能产业示范区。四是服务生物医药产业，依托四川大学等高校院所的科技资源，加快推动药物载体材料、高性能柔性电子材料、医疗影像系统材料等关键材料的研发进程。在医用透析材料、人造血管材料、全瓷义齿用氧化锆等高端功能材料领域实现进口替代。

2. 推进产业基础高级化建设

一是重点攻关"卡脖子"材料技术瓶颈，聚焦5G应用、新型显示、集成电路等产业链前端，大力发展高纤复材、先进高分子材料、稀土功能材料等优势材料，推动成都市稀土功能材料、特种玻璃、硬质合金材料等制备技术达到国际、国内领先或先进水平，并实现规模化发展。促进芳纶纤维、玄武岩纤维、玻璃纤维、氟硅材料、人工晶体等材料的产能和技术水平跻身国内前列。二是争取国家重大产业项目落地，发挥重大产业布局带来的基础原料优势，开展高性能氟硅材料、高端聚烯烃、环保型高分子材料等关键技术的研发，延伸发展化工先进材料、精细及专用化学品、天然气利用等下游高附加值产业。

3.加快融入成渝地区双城经济圈建设

成渝地区是我国西部地区重要的先进材料研制中心。经过多年发展，以成渝为核心，以德阳、南充、绵阳等城市为支撑的先进材料产业发展格局形成。截至2019年年底，成渝地区先进材料产业规模已突破4 000亿元。其中，成都市在民营企业数量和产业链的完整性上优势突出，在芳纶纤维、稀土磁性材料、硬质合金、氟硅材料等细分领域达到国内领先水平，能够制备的高性能纤维原丝的种类在国内最多。重庆市在龙头企业和细分领域上的特色明显，在铝合金精深加工、高性能玻璃纤维、化工先进材料等领域具有全国影响力。成渝地区围绕先进材料产业发展需求，集聚了大批高校院所、企业创新中心等科研资源。

（三）创新平台加快构建

围绕先进材料产业生态圈建设的需求，成都市推动国家重点实验室、国家工程技术中心等国家级平台加快建设。截至2019年年底，成都市拥有四川大学高分子材料工程国家重点实验室、国家有机硅工程技术研究中心、国家受力结构工程塑料工程技术研究中心、国家精密工具工程技术研究中心、国家电磁辐射控制材料工程技术研究中心、西南化工研究院国家碳-化学工程技术研究中心、国家生物医学材料工程技术研究中心等省部级创新平台，建成成都玉龙化工院士（专家）创新工作站等院士（专家）工作站20个。成都市成功推动全国首批、西部首个国家先进材料测试平台区域中心落户。该中心可为西部地区所有先进材料领域企业的检验检测和技术评价提供一体化科技服务。成都先进材料生态圈国家级创新平台概况见表1-1-1。

表1-1-1　成都先进材料生态圈国家级创新平台概况

平台类型	创新平台名称	依托单位 或区（市）县
国家重点/工程 实验室	高分子材料工程国家重点实验室	四川大学
	电子薄膜与集成器件国家重点实验室	电子科技大学
	制革清洁技术国家工程实验室	四川大学
	环保型高分子材料国家地方联合工程实验室	四川大学
	注射用包装材料国家地方联合工程实验室	崇州君健塑胶有限公司
	能源植物生物燃油制备及利用国家地方联合工程实验室	四川大学
国家工程（技术） 研究中心	国家碳-化学工程技术研究中心	西南化工研究设计院有限公司
	国家有机硅工程技术研究中心	中蓝晨光化工研究设计院有限公司
	国家受力结构工程塑料工程技术研究中心	中蓝晨光化工研究设计院有限公司
	国家精密工具工程技术研究中心	成都工具研究所有限公司
	国家生物医学材料工程技术研究中心	四川大学
	国家烟气脱硫工程技术研究中心	四川大学、中国工程物理研究院
	国家电磁辐射控制材料工程技术研究中心	电子科技大学
国家级企业 技术中心	成都光明光电股份有限公司	成华区
	川化集团有限责任公司	青白江区
	成都硅宝科技股份有限公司	高新区
	西南化工研究设计院有限公司	高新区
	成都宏明电子股份有限公司	成华区
	成都云图控股股份有限公司	新都区

（四）高端要素快速聚集

1. 加速高端人才供给

深入实施人才优先发展战略，制定产业生态圈人才计划实施办法等人才新政，精准引进先进材料产业急需的关键人才，提升城市"聚人"功能。以行业领军人才、专业技能人才为重点，先后赴清华大学、华中科技大学、重庆大学、北京有色金属研究总院等知名高校院所和深圳南山区科技园、杭州城西科创产业聚集区等先进园区开展"蓉漂"人才招引工作，通过"蓉漂计划"平台引进了材料领域高端专业人才100人以上。

2. 完善金融服务体系

加快组建百亿规模的新型材料产业基金（首期预计规模为5亿～10亿元），重点支持电子信息材料、新型金属材料、高纤复材等领域发展，加大对新型材料产业的科技创新和技术改造升级项目的中长期投入。实施先进材料首批次补助政策，促进先进材料产品的示范应用和市场推广，提升产品的市场占有率和竞争力。金融产品与技术和资本实现无缝对接。截至2019年年底，"省级产业引导基金""壮大贷""科创贷"等金融产品累计支持先进材料企业金额近20亿元，有效助力了成都市先进材料企业的发展壮大。

3. 搭建供需对接平台

促进产业链上下游企业相互对接，加快形成原料、资本、制造、技术、市场、研发、信息等环环相扣的产业生态。先后举办了中国材料大会2019、2019国家制造业强国建设专家论坛、第二届四川成都先进材料产业技术成果交易会等大型活动。其中，第二届四川成都先进材料产业技术成果交易会达成交易成果80余项。

（五）组建先进材料产业生态圈联盟

围绕先进材料产业生态圈高质量发展的需要，以产业相关功能区为载体，整合优势资源、推动先进材料创新，建立开放共享的"先进材料头部企业+产业链集群企业+创新链科研单位+资金链投资机构+下游代表性用户"的产业生态圈，吸引先进材料产业相关单位120余家，组建"政产学研用投"一体化的先进材料产业生态圈联盟。联盟单位主动与成都、德阳、眉山、资阳及重庆的企业在汽车轻量化材料等重点领域展开合作，通过聚焦产业链上下游企业以及研发创新机构等各类资源，推进先进材料产业生态圈的建设，进而促进了成都市先进材料产业生态圈的层次和能级的提升。先进材料产业生态圈联盟的组织结构见图1-1-3。

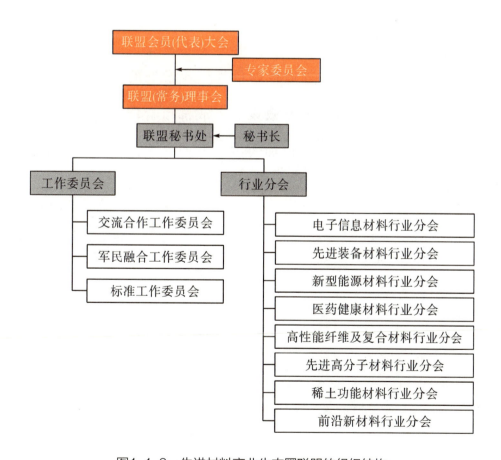

图1-1-3　先进材料产业生态圈联盟的组织结构

（六）政策体系基本形成

1. 省级政策

为了促进四川先进材料产业的发展，四川省先后出台了《四川省"十三五"战略性新兴产业发展规划》《新材料产业培育方案》等，在政策扶持、金融支持、行业组织等领域给予相应支持。

2. 市级政策

成都市按照"选择与区域战略高度契合、比较优势突出的领域"的要求，着力构建更加精准的政策体系，先后出台了《关于促进成都新型材料产业高质量发展的实施意见》《成都市新型材料产业精准支持行动计划》，贯彻落实先进材料首批次市场化应用补助支持政策，重点支持"四大特色材料+四大优势材料"的发展。

3. 区（市）县级政策

成都市青白江区、彭州市等地根据自身产业发展的需求，出台了《成都市青白江区关于促进产业发展若干政策》《成都市青白江区关于促进人才优先发展若干措施的意见》《彭州市加快主导产业发展的若干政策措施》等多项政策。

第二章
重点产业领域发展情况

按照四川"一干多支，五区协同"的区域发展新格局，成都市聚焦产业需求高、企业基础强、研发创新优、资源禀赋好的先进材料细分领域，根据成都先进材料产业生态圈的市场前景、产业基础、技术水平和要素条件，提出构建"四大特色材料+四大优势材料"的新型材料产业体系，进而培育构建先进材料产业生态圈。

一、四大特色材料发展情况

（一）电子信息材料

电子信息材料是指在微电子、光电子技术和新型元器件基础产品领域中所用的材料，主要包括以单晶硅为代表的半导体微电子材料，以激光晶体为代表的光电子材料，以介质陶瓷和热敏陶瓷为代表的电子陶瓷材料，光纤通信材料，以磁存储和光盘存储为主的数据存储材料，压电晶体与薄膜材料等。电子信息材料在国民经济中具有重要战略地位，是科技创新和国际竞争最为激烈的材料领域。

目前，成都市有电子信息材料相关规模以上企业34家，2019年实现产值61.6亿元，实现税收3.92亿元。代表企业有成都宏明电子股份有限公司等。

（二）先进装备材料

先进装备材料是航空航天、轨道交通、汽车、重大装备等装备制造产业的基础和前端。先进装备材料包含的门类众多，为便于与其他材料相区分，在本书中，先进装备材料主要是指新型金属材料，主要包括不同用途的结构金属材料和功能金属材料。其中有通过快速冷凝工艺获得的非晶态金属材料，以及准晶、微晶、纳米晶金属材料等；还有具有隐身、抗氢、超导、形状记忆、耐磨、阻尼减振等特殊功能的合金，以及金属基复合材料等。目前，主要新型金属材料有先进钢铁材料、高性能有色金属材料、高温合金等。

目前，成都市有先进装备材料相关规模以上企业142家，2019年实现产值396.74亿元，实现税收88.21亿元。代表企业有四川福蓉科技股份有限公司、攀钢集团成都板材有限责任公司、四川鑫瑞欣金属材料有限公司等。

（三）新型能源材料

新型能源材料是新能源汽车、手机电池、笔记本电脑电池等产业的前端。新能源材料是指新近发展的或正在研发的促进非化石能源生产和应用的材料，包括二次电池材料、燃料电池材料、太阳能电池材料、半导体照明发光材料等。目前，发展较好的主要有锂电池材料和燃料电池材料两种。

目前，成都市有新型能源材料相关规模以上企业15家，2019年实现产值62.42亿元，实现税收11.44亿元。代表企业有成都巴莫科技有限责任公司、成都爱敏特新能源技术有限公司等。

（四）医药健康材料

医药健康材料是指用来对生物体进行诊断、治疗、修复或替换其病损组织、器官或增进其功能的材料，是医疗器械、医用药物、大健康等产业的前端。医药健康材料按照用途的不同可分为骨、牙、关节、肌腱等骨骼和肌肉系统修复材料，皮肤、呼吸道等软组织材料，人工心脏瓣膜、血管、血管内插管等心血管系统材料，血液净化膜和分离膜、气体选择性透过膜、角膜接触镜等医用膜材料、组织黏合剂和缝线材料，药物释放载体材料，临床及生物传感器材料等。

目前，成都市有医药健康材料相关规模以上企业10家，2019年实现产值4.92亿元，实现税收0.34亿元。代表企业有四川迈克生物先进材料技术有限公司等。

二、四大优势材料发展情况

（一）高性能纤维及其复合材料

高性能纤维是指具有特殊的物理化学结构、性能、用途或具有特殊功能的化学纤维，是汽车、航空航天、轨道交通、建筑工程等产业的前端。当今，国际公认的三大高性能纤维是：碳纤维、芳纶纤维和超分子量聚乙烯纤维。其他的高性能纤维还包括玄武岩纤维、玻璃纤维、碳化硅纤维和聚苯硫醚纤维、聚对苯撑苯并二噁唑纤维等。各种高性能纤维一般是作为增强体，通过与各类树脂、混凝土或金属等基体材料的复合，制备成具有专门用途与特殊耐受力的高性能纤维复合材料。

高性能纤维及其复合材料是成都先进材料产业的传统优势领域。目前，成都市有高性能纤维及其复合材料相关规模以上企业23家，2019年实现产值58.76亿元。代表企业有蓝星（成都）先进材料有限公司等。

（二）稀土功能材料

稀土有"工业维生素"和"工业黄金"之称，是不可再生的重要战略资源，是改造传统产业、发展战略性新兴产业和国防科技工业不可或缺的关键元素，是电子信息、汽车、机械、航空航天、轨道交通、建筑工程等几乎所有产业的基础材料。

成都在磁性材料、稀土发光材料和催化材料领域处于国内领先水平。目前，成都市有稀土功能材料相关规模以上企业两家，2019年实现产值2.8亿元，实现税收1.4亿元。代表企业有成都银河磁体股份有限公司、成都东骏激光股份有限公司等。

（三）先进高分子材料

高分子材料也被称为聚合物材料，主要是由小单元作为基本单元，大量重复连接而成。根据高分子材料的来源不同，高分子材料可以划分为天然高分子材料、半天然高分子材料和合成高分子材料。根据材料性质的不同，先进高分子材料可以分为合成树脂、合成橡胶、催化材料、涂料、胶粘剂等。它是电子信息、汽车、机械、航空航天、轨道交通、皮革轻工等产业的基础材料。

成都在先进高分子领域拥有高分子材料工程国家重点实验室、国家有机硅工程技术研究中心、国家受力结构工程塑料工程技术研究中心。目前，成都有先进高分子材料相关规模以上企业277家。2019年，这些企业实现产值394.18亿元，实现利润30.36亿元，缴纳税金1.4亿元。代表企业有成都金发科技先进材料有限公司、成都硅宝科技股份有限公司、四川奥克石达化学股份有限公司等。

（四）前沿新材料

前沿新材料是具有重大应用前景的战略性、关键性先进材料，是材料技术未来发展的制高点。目前，前沿新材料主要包括智能材料、石墨烯、仿生材料、超材料等。成都通过加快布局前沿新材料产业，培育了碳世界、聚能仁和、环碳科技等细分领域的领军企业，拥有碳纳米管、石墨烯润滑油、石墨烯吸波材料等前沿新材料制备技术。代表企业有中国科学院成都有机化学有限公司等。

功能区篇

第一章
先进材料产业生态圈产业功能区概况

2017年，成都市召开产业发展大会，并先后召开多次产业功能区及园区建设工作领导小组会议，明确在全市范围内建设14个产业生态圈和66个产业功能区。先进材料产业生态圈依据全市先进材料产业基础、区位优势、资源配套条件及环境承载能力，在全市范围内重点建设三个主体产业功能区和八个产业区。其中，青白江先进材料产业功能区、成都新材料产业功能区、天府新区新能源新材料产业功能区三个主体产业功能区重点发展电子信息材料、先进装备材料、高性能纤维及其复合材料、新型能源材料、先进高分子材料等细分产业领域。八个产业协同发展区重点发展符合产业基础和配套需要的细分产业领域。成都先进材料产业相关功能区概况见表2-1-1。

表 2-1-1 成都先进材料产业相关功能区概况

相关产业功能区	发展重点	建设目标	区（市）县
青白江先进材料产业功能区	高性能纤维及其复合材料、先进装备材料	1.打造装备制造用金属材料生产研发基地的主承载区 2.建设国家重要的高性能有色金属材料研制基地的主承载区 3.建设高性能纤维原丝生产基地的主承载区 4.打造高性能纤维复合材料集群产业集群的主承载区	成都市青白江区
成都新材料产业功能区	先进高分子材料、新型能源材料、电子信息材料	1.打造国内领先的半导体材料制造基地的协同发展区 2.建设新型显示材料研制高地的协同发展区 3.打造电子信息用关键材料研制高地的主承载区 4.建设全国重要的锂电池材料生产基地的主承载区 5.打造氢燃料电池材料研发基地的主承载区 6.打造先进高分子材料关键技术研制基地的主承载区 7.打造国内领先的先进高分子材料的先进高地的主承载区	彭州市
天府新区新能源新材料产业功能区	新型能源材料、电子信息材料、前沿新材料	1.打造国内领先的半导体材料制造基地的主承载区 2.建设新型显示材料研制高地的协同发展区 3.打造电子信息用关键材料研制高地的主承载区 4.建设全国重要的锂电池材料研发基地的主承载区 5.打造氢燃料电池材料研发基地的主承载区 6.打造石墨烯和先进碳材料研发基地的主承载区 7.建设前沿新材料应用示范区的协同发展区	邛崃市

表2-1-1（续）

相关产业 功能区	发展重点	建设目标	区（市）县
淮州新城	新型能源材料	1. 建设全国重要的锂电池材料生产研发基地的协同发展区 2. 打造氢燃料电池材料研发基地的协同发展区	金堂县
大邑文体智能装备产业功能区	先进装备材料、前沿新材料	1. 打造装备制造用金属材料生产研发基地的协同发展区 2. 建设国家重要的高性能有色金属材料研发基地的协同发展区 3. 打造石墨烯和先进碳材料研发基地的协同发展区 4. 建设前沿新材料应用示范区的协同发展区	大邑县
双流航空经济产业功能区	电子信息材料	1. 打造国内领先的半导体材料制造基地的主承载区 2. 建设新型显示材料研制高地的主承载区 3. 打造电子信息用关键材料研发高地的协同发展区	成都市双流区
天府智能制造产业园	先进装备材料、高性能纤维及其复合材料	1. 打造装备制造用金属材料生产研发基地的主承载区 2. 建设高性能纤维原丝生产基地的主承载区 3. 打造高性能纤维复合材料产业集群的主承载区	新津县

表2-1-1（续）

相关产业功能区	发展重点	建设目标	区（市）县
成都电子信息产业功能区	电子信息材料、稀土功能材料	1. 打造国内领先的半导体材料制造基地的主承载区 2. 建设新型显示材料研制高地的主承载区 3. 打造电子信息用关键材料研发高地的协同发展区 4. 打造特色鲜明的稀土功能材料研制基地的主承载区 5. 建设国内稀土功能材料核心研发区的协同发展区	成都市高新区、成都市郫都区
龙泉驿汽车产业功能区	先进装备材料	1. 打造装备制造用金属材料生产研发基地的主承载区 2. 建设国家重要的高性能有色金属材料研制基地的主承载区	成都市龙泉驿区
新都现代交通产业功能区	先进装备材料	1. 打造装备制造用金属材料生产研发基地的协同发展区 2. 建设国家重要的高性能有色金属材料研制基地的协同发展区	成都市新都区
成都医学城	医药健康材料、前沿新材料	1. 打造生物健康材料研发高地的主承载区 2. 构建特色生物材料创新高地的主承载区 3. 建设前沿新材料应用示范区的协同发展区	成都市温江区

第二章
青白江先进材料产业功能区

一、产业功能区的基本情况

（一）产业功能区简介

青白江先进材料产业功能区是成都市66个产业功能区之一，是成都市先进材料产业生态圈的支撑功能区。其规划人口约有10万人。

（二）产业功能区定位

青白江先进材料产业功能区的定位为"国家老工业基地转型升级示范区、全国一流先进材料创新发展高地"。其重点发展新型材料主导产业，聚焦高性能纤维及其复合材料、新型金属功能材料两大关键细分产业领域，加快推进产业转型升级和城市有机更新，全力实现"人城产"和谐统一发展。

二、产业功能区的体制机制建设情况

（一）管理机制方面

青白江先进材料产业功能区的管委会实施"员额制"和"大部制"管理：对在编人员进行编制、身份"封存管理"；通过内部竞聘、选调竞聘、公开招聘等市场化方式，在全球范围招聘人才，对他们全部实施市场化合同管理和企业化人力资源管理。按照"扁平、专业、效能"的要求，结合产

业发展定位，青白江先进材料产业功能区管委会于2020年年初启动"大部制"改革工作，统筹设置内设机构，将原有的七个内设部门精简为五个部门，实现了机构设置精简专业、行政运转扁平高效。

（二）市场化机制方面

青白江先进材料产业功能区进一步优化了"管委会＋专业运营企业"管理体系，与区国有平台公司签订产城运营综合投资协议，成立了产城运营工作专班，抽调专人开展相关工作；与攀成钢、川化集团等大型国有企业建立了"合作开发、利益共享"机制；正积极与华侨城、中铁文旅等洽谈合作，从而加快启动工业遗址公园打造工作和"大时代1956"合作开发工作。

（三）企业服务机制方面

青白江先进材料产业功能区全力创建国际化营商环境，构建横向到边、纵向到底的"精准服务"三级网格集成管理体系，创新制定条块结合机制，为企业提供全覆盖、全生命周期服务；搭建合作共享平台，开展金融机构、科研院所进园区活动；充分发挥蓉欧工业商会的引领作用，建立行业间协同发展机制，增强中小微企业发展动力；依托中国（四川）自由贸易试验区铁路港片区的优势，搭建企业与班列互动平台，精准开展拼箱和班列定制。

三、产业功能区的产业发展情况

（一）产业发展的总体情况

2019年，青白江先进材料产业功能区实现规模以上工业总产值480.47

亿元；实现营业收入661.16亿元，同比增长22.83%；完成工业投资142.8亿元，同比增长2.2%；实现全口径税收收入18.32亿元，同比增长9.92%。2019年，青白江先进材料产业功能区外贸进出口总额达到36.47亿元，同比增长128.64%。总体上看，青白江先进材料产业功能区的经济发展质量稳步提升、产业结构不断优化。

（二）优势领域的情况

青白江先进材料产业功能区秉持产业生态圈发展理念，在高性能纤维及其复合材料、新型金属功能材料领域已经具有较大的优势，形成了以巨石集团、台嘉玻纤等为代表的高性能纤维及其复合材料产业集群，以天马轴承、攀钢板材等为代表的新型金属功能材料产业集群。

1.高性能纤维及其复合材料产业领域

2019年，青白江先进材料产业功能区在高性能纤维及其复合材料领域实现产值190.2亿元；实现营业收入280.5亿元，同比增长26.4%；完成工业投资57.12亿元，同比增长2.6%；实现全口径税收收入7.3亿元，同比增长9.65%。青白江先进材料产业功能区重点生产电子级玻璃纤维、生物基纤维、防火阻燃材料等产品。

2.新型金属功能材料产业领域

2019年，青白江先进材料产业功能区在新型金属功能材料产业领域实现产值290.27亿元；实现营业收入380.66亿元，同比增长20.8%；完成工业投资85.68亿元，同比增长1.9%；实现全口径税收收入11.02亿元，同比增长10.3%。青白江先进材料产业功能区重点生产高铁轴承、特种板材、商用车整车等产品。

四、重点企业和重点项目情况

（一）重点企业情况

青白江先进材料产业功能区拥有重汽王牌、天马轴承、台嘉玻纤等各类企业2 000余家。其中，规模以上工业企业有146家，世界500强企业有10家，行业龙头企业有30家，上市公司有17家，准独角兽企业有1家。

（二）重点项目情况

2017年以来，青白江先进材料产业功能区引进台嘉年产1.2亿米电子级玻璃纤维布项目、柯迈高性能玻纤增强型复合材料项目、成都正西机器人研发制造基地建设项目等总投资471.41亿元的重大产业项目68个，初步形成了高性能纤维及其复合材料产业链、新型金属功能材料产业链。

五、产业功能区功能配套建设情况

（一）空间布局优化情况

按照"一个产业功能区就是若干城市新型社区"的发展理念和"人城产"的城市发展逻辑，青白江先进材料产业功能区规划布局了高性能纤维及其复合材料研发及应用社区、新型金属功能材料研发及应用社区、中央商务区、凤凰国际社区、绿色建材贸易社区、进出口加工贸易社区六个产业社区。

（二）核心起步区建设情况

综合老工业基地转型升级和城市有机更新需要，结合工业基础，青白江先进材料产业功能区分别规划布局了新型金属功能材料核心起步区、高性能纤维及其复合材料核心起步区，分别确定了666亩①、450亩的高品质科创空间建设点位。设计公司已完成相关规划编制工作。此外，台嘉玻纤二期项目启动建设，得成新型材料创新中心项目已签约供地，远洋大数据产业园项目正加快建设。

（三）配套设施建设情况

青白江先进材料产业功能区加快推进轨道交通体系建设，完成轨道交通线路设计，形成了成都市大铁公交青白江站改造方案和城市轨道交通线路初步优化方案；完成智慧产业大道等四条骨干道路建设，加快建设同创大道、青创大道等配套基础设施项目；全面推进"大时代1956"建设，加快建设长流河核心区商业配套项目。

（四）生产生活服务配套建设情况

青白江先进材料产业功能区强化生活场景和消费场景营造，完善公共服务和商业配套，探索发展楼宇经济，构建15分钟生活服务圈；完善社区功能，合理布局教育、医疗、文体等公共服务配套，支持大弯中学争创四川省一流，加快成都市青白江区中医院、博士达幼儿园建设。此外，20万平方米的人才公寓正进行主体施工；总投资52亿元的万达广场项目开工建设，于2020年年底开业运营。

---

① 1亩约等于666.67平方米，下文同。

第三章
成都新材料产业功能区

一、产业功能区的基本情况

（一）产业功能区简介

成都新材料产业功能区是成都市先进材料产业生态圈联盟的重要成员单位之一。该功能区位于成都市西北部，地处彭州市隆丰街道，距成都市区约40千米、距彭州市区约10千米。2019年，成都新材料产业功能区获批"四川省首批院士（专家）产业园""四川省新型工业化产业示范基地"等称号。

（二）产业功能区定位

成都新材料产业功能区以四川石化和川西气田丰富的石油化工产品和天然气资源为依托，重点发展炼化一体化、石化循环利用、化工先进材料、精细及专用化学品、天然气利用等产业，打造绿色、智慧、循环化工园区，建设国际一流、国内领先的中国有机新材料高地，力争到2025年实现产值1 000亿元。

二、产业功能区的体制机制建设情况

成都新材料产业功能区在平台职责定位、机构编制配备、企业服务等方面进行了一系列探索创新，力促实现高质量发展。

（一）管理机制方面

成都新材料产业功能区实行员额管理机制，推动功能区人员员额制管理，以专业化的统一管理、竞聘上岗选拔为核心，按照"一般干部双向选择、中层干部竞聘上岗"的原则进行人员选拔；以"以岗定薪，按绩取酬"为导向，引入竞争机制，形成不唯身份、不唯资历、重能力、重业绩、重贡献的收入分配和人才选拔机制，最大限度地激发干部队伍的创业热情。

（二）市场化机制方面

成都新材料产业功能区明确了运营体制，稳步推进"去行政化"改革；按照"管委会+平台公司"的运营模式，加快推进功能区基础设施及公共配套设施建设；通过"去行政化"改革促进管理职能系统转变、力破体制机制对人才潜力的限制以及传统行政壁垒对服务效能的限制，构建起"优化调整架构，压实责任担当，深化产城融合"的全链条服务体系。

（三）企业服务机制方面

成都新材料产业功能区不断优化生产要素供给，将行政审批权限下沉到园区，为入园项目提供便捷的政务服务；建立了水、电、气、公用工程等生产要素保障体系和价格协商机制；完善重点项目投融资银政企对接机制，帮助优质企业运用各级资本市场进行直接融资；开设绿色通道，加快缩短从公司注册到开工勘验时间；持续开展"项目攻坚"行动，建立"专案、专班、专员、专业"的"四专"服务体系和"即受即办、当日清零"的工作机制，从而高效推动项目招引和落地建设。

三、产业功能区的产业发展情况

（一）产业发展的总体情况

2019年，成都新材料产业功能区实现规模以上工业总产值518.14亿元，同比增长25.58%；实现税收收入115.05亿元，同比增长40.25%。总体上看，成都新材料产业功能区的产业发展快速，产业结构不断优化，产业雏形初具。

（二）优势领域的情况

成都新材料产业功能区秉持产业生态圈发展理念，在炼化一体化、环氧乙烷领域已形成了较大优势，形成了以四川石化、奥克化学为代表的产业集群。

1.炼化一体化领域

2019年，成都新材料产业功能区在炼化一体化领域实现销售收入490亿元，同比增长24.58%；上缴税金113.29亿元，同比增长39.56%；有力地保障了川渝地区柴油、汽油等能源和基础工业原材料供应。同时，其航煤产品覆盖了全省13个机场，可以满足全省快速增长的航煤需求。

2.环氧乙烷领域

成都新材料产业功能区在环氧乙烷领域已入驻奥克化学、佳化化学、科之杰等环氧乙烷上下游企业，初步形成了环氧乙烷产业微观生态链。2019年，成都新材料产业功能区在环氧乙烷领域实现主营业务收入28亿元，同比增长46%；上缴税金18亿元，同比增长105%；有效地带动了成都及其周边地区建筑、日化、新能源等行业结构的优化调整和技术升级。

四、重点企业和重点项目情况

（一）重点企业情况

成都新材料产业功能区现有四川石化、三菱化学、四川奥克化学、佳化化学等各类企业25家。其中，规模以上工业企业5家、世界500强企业2家、行业龙头企业7家。四川石化是由中国石油天然气股份有限公司和成都石油化工有限责任公司共同投资建设的西南地区第一家特大型石化企业。三菱化学是日本最大的化学公司，在本功能区投资建设功能塑料项目。

（二）重点项目情况

截至目前，成都新材料产业功能区已签约产业化项目17个，获得总投资约440亿元，引进了大连理工成都研究院、石化装卸站等10个产业链配套项目。其中，四川石化、三菱化学等8个项目已建成投产，科之杰、宏鼎等9个项目正在办理开工前期手续。成都新材料产业功能区依托环氧乙烷、聚乙烯、碳五、碳九等原料供给优势，已初步形成了以四川奥克化学为代表的环氧乙烷产业集群；以聚地石油为代表的石化循环利用产业集群；以朗盈、昱泰、晟源为代表的碳五碳九综合利用产业集群。

五、产业功能区功能配套建设情况

（一）空间布局优化情况

成都新材料产业功能区的总体空间按"一区两园六组团"（"两园"是指成都石油化学工业园和先进材料产业园，"六组团"是指炼化一体化组团、综合利用及化工先进材料组团、仓储物流组团、先进材料及精细化学品组团、天然气利用组团、综合服务组团）、"一水一带一湿地"（小石河、环园区生态带、湔江生态湿地）布局。其中，成都石油化学工业园占地面积为8.4平方千米（包括产业用地6.4平方千米，铁路编组站等配套设施用地2平方千米），先进材料产业园的规划面积为6.6平方千米（包括起步区2平方千米、预留区3.5平方千米、仓储物流区0.5平方千米、综合配套服务区0.6平方千米）。

（二）核心起步区建设情况

成都新材料产业功能区着眼于化工先进材料、精细及专用化学品产业，不断强化先进材料产业生态圈建设：一是以四川石化和川西气田的原料供给为立足点，为西南地区的电子信息、汽车与航空、生物医药、新能源四大产业提供电子化学品、高技术膜材料、高性能工程塑料等先进材料，构建化工先进材料、精细及专用化学品、天然气利用产业生态链；二是以蹇锡高、彭孝军等院士专家为引领，加强与大连理工大学、四川大学、西南石油大学等院校的合作，加快大连理工大学成都研究院建设，打造高品质科创空间，加强科研成果转化；三是错位打造功能区"三生"（生产、生活、生态）应用场景，推动"人城景产"融合发展。

（三）配套设施建设情况

成都新材料产业功能区优先启动了园区道路、管网等基础设施建设，累计投入23亿元建成公用管廊、工业净水厂等15个基础配套设施项目，并加快石化装卸站、危化品停车场、国家危险化学品应急救援大队等项目的建成投运，不断推进应急管理中心、危化品仓储区、总部办公区等公共服务配套设施建设。

（四）生产生活服务配套建设情况

成都新材料产业功能区依托小石河自然风光，已建成湔江生态湿地和环园区生态带；以创新中心为圆点，构建了承载信息交流、邻里服务、会议中心等功能的5分钟生活服务圈；依托综合配套服务区、现有生态资源与田园风光，打造了集研发设计、创新转化、场景营造、社区服务、教育医疗、人才交流为一体的10分钟高端生活服务圈。

第四章
天府新区新能源新材料产业功能区

一、产业功能区的基本情况

（一）产业功能区简介

天府新区新能源新材料产业功能区是成都市66个产业功能区之一，是成都市先进材料产业生态圈、绿色智能网联汽车产业生态圈支撑功能区，位于成都市"南拓"高质量发展示范区。该功能区的规划人口为30万人。

（二）产业功能区定位

天府新区新能源新材料产业功能区规划定位为"天府新区产业发展和成果转化基地、成都平原未来人居示范城市"，以"人城产"营城逻辑和"产城一体"理念打造为邛崃市发展新极核，重点围绕新能源、先进材料、智能（医疗健康）可穿戴设备等主导产业，力争通过5～8年时间打造千亿级的新能源、先进材料产业集群。

二、产业功能区的体制机制建设情况

天府新区新能源新材料产业功能区突出专业化发展方向，完善管理运营体制机制，不断增强功能区动力、活力。

（一）管理机制方面

天府新区新能源新材料产业功能区建立"大党工委"管理体系以统筹管理功能区各项工作，明确功能区、羊安街道、羊安新城公司（成甘公司）、行政审批局的职责边界，强化统筹协作，形成合力，推进规划建设、产业发展、公共服务等工作。

天府新区新能源新材料产业功能区高效形成成都市职能部门建设功能区的合力；实行对市级职能部门、街道、国有公司"吹哨"报到、逆向考核制度。

（二）市场化机制方面

天府新区新能源新材料产业功能区深化员额制改革，实行全员聘用、岗位聘任制度，启动全员聘用工作，选聘一批懂企业培育、招商引资、公共服务、社会治理的干部。

天府新区新能源新材料产业功能区探索"法定机构"改革工作，以市场化改革取向和去行政化改革方向，按照企业化管理模式，探索功能区市场化运行机制，拟组建天府新区新能源新材料产业功能区管理局。该管理局依法依规承担公共事务管理和公共服务职能，实行企业化管理。《成都邛崃市天府新区新能源新材料产业功能区管理暂行办法（草案）》和《邛崃市天府新区新能源新材料产业功能区法定机构改革试点工作实施方案（试行）》已完成制定，现正呈送成都市审定。

（三）企业服务机制方面

天府新区新能源新材料产业功能区实行全体干部联系企业的"管家式"全程服务企业制度。邛崃市多个班组获"成都市国际化营商环境建设先锋班组"称号，全面形成了服务民营企业健康发展的"邛崃模式"。

天府新区新能源新材料产业功能区强化市行政审批局羊安分中心管理服务，下沉审批和执法职能权限，提升功能区行政审批服务能力，下沉审批职能55项，实现办事不出功能区。

三、产业功能区的产业发展情况

（一）产业发展的总体情况

2019年，天府新区新能源新材料产业功能区实现工业总产值136亿元，同比增长18%。其中，规模以上企业实现总产值85亿元，同比增长31%。此外，2019年，该功能区的规模以上企业工业的增加值同比增长25%，新增8户规模以上企业。2019年，天府新区新能源新材料产业功能区实现固定资产投资99.5亿元，同比增长27%；实现全口径税收收入5.2亿元，同比增长33%。该功能区规模以上企业工业增加值的增长幅度和投资增长幅度，在30个工业和信息化类功能区中均排名第2。

（二）优势领域的情况

天府新区新能源新材料产业功能区秉持产业生态圈发展理念，按照绿色、高端、国际化发展方向，围绕头部企业聚点成链，聚焦细分领域建强产业链条，构建主导产业体系。天府新区新能源新材料产业功能区重点发展以电子先进材料为主的先进材料产业（包括硅单晶、氮化镓、碳化硅等先进半导体材料）；高纯特种金属材料、高分子复合材料；集成电路、新型显示、传感器件、激光器件和终端应用产品，以及医疗健康可穿戴设备。目前，天府新区新能源新材料产业功能区已初步形成了以国芯天成为核心的化合物半导体先进材料产业链雏形，力争在

3年内形成200亿级先进材料产业集群。2019年，天府新区新能源新材料产业功能区先进材料产业规模以上企业实现工业总产值33.3亿元，同比增长27%。

四、重点企业和重点项目情况

（一）重点企业情况

天府新区新能源新材料产业功能区拥有天津爱敏特新能源科技、苏州博涛机电、荷兰阿克苏诺贝尔、立邦中国、三棵树等各类企业185家。其中，规模以上工业企业64家，入驻世界500强和行业500强企业以及上市公司19家。

（二）重点项目情况

2017年以来，天府新区新能源新材料产业功能区已引进落户国芯天成化合物半导体生态产业园、中微科技、锐芯科技、融捷锂业、大唐网络等总投资601亿元的重大产业项目20个，引进20余个先进材料产业链配套项目，初步形成了以国芯天成为核心的化合物半导体先进材料全产业链。

五、产业功能区功能配套建设情况

（一）空间布局优化情况

天府新区新能源新材料产业功能区的规划面积为126.3平方千米。其中，建设用地面积约为47平方千米，规划人口约有30万人。该功能区规划定位为"天府新区产业承载地和成果转化区、成都平原未来人居示范城市"。邛崃市以"人城产"营城逻辑和"产城一体"理念将天府新区新能源新材料产业功能区打造为邛崃市"双核引领"区域发展格局中的新极核，规划形成"一核、两轴、四心、五片"的城市空间结构。

（二）核心起步区建设情况

天府新区新能源新材料产业功能区聚焦环泉水湖区域打造1平方千米核心起步区，以创客中心、综合运营中心、独角兽工场等高品质科创空间为引领，规划布局研究院、孵化器、加速器等，并引入"5G+无人驾驶项目"等一批新经济场景应用，建设集创新研发、中试及检验检测、成果孵化、人才培训、生态休闲、新经济等创新型业态为一体的产城融合示范区，推动产业生态圈创新生态链加快成形。

（三）配套设施建设情况

邛崃市以公园城市理念统筹"三生"空间，以"生态先行"统领产业功能区建设，高标准建设基础设施网络；邛崃市率先打造2 111亩生态泉水湖湿地公园城市绿心，实施"四路一湖一桥一中心"骨干工程和35个基础设施配套项目；完成湿地公园核心湖区和羊纵七线等项目建设。此外，泉水湖湿地公园项目已基本成形，斜江河大桥已进入桥墩施工阶段，3.5平方千米的核心示范区框架基本成形。邛崃市加快形成"四轨四高五快"交通体系，全力融入成都市和天府新区半小时经济圈。

（四）生产生活服务配套建设情况

天府新区新能源新材料产业功能区推进4.2万平方米的独角兽工场、无人驾驶示范项目、"5G+虚拟现实（VR）"应用场景体验区等13个项目的建设工作，建成22.3万平方米标准厂房，吸引16家企业入驻；引入成都市三医院领办羊安医院、新建邛崃市第二人民医院，以提升功能区医疗服务水平。此外，10.5万平方米的星级酒店、特色商业街和36.8万平方米的商业住宅已建成，15万平方米的人才公寓主体工程已完工。

规划篇

第一章
形势判断

一、全球先进材料发展前景十分广阔

近年来，先进材料产业呈现稳中有升的态势。2017年，全球先进材料行业规模达到2.23万亿美元，年复合增长率超过10%。预计到2025年全球先进材料产业产值将突破10万亿美元。世界各国均把发展先进材料作为科技发展战略的重要组成部分，将先进材料技术列为21世纪优先发展的关键技术之一，明确未来集中在通信材料、生物材料、新能源材料等领域发力。中国身处全球先进材料产业发展第二梯队，已在半导体照明材料、稀土永磁材料等领域全面领跑。当前，跨国先进材料巨头企业在全球范围内扩张产能，亚太地区成为新的投资热点。在此背景下，成都应把握产业发展大势、融入国家发展战略，持续发力先进材料产业，做强产业基础支撑，争取科技、产业竞争主动权，快速实现弯道超车。

二、国家高度重视先进材料产业的发展

长期以来，我国材料产业整体大而不强、总体产能过剩、产品结构不合理、在高端应用领域未能实现完全自主等问题较为突出。工业和信息化部2018年对全国30多家大型企业使用的130多种关键基础材料的调研结果显示：32%的关键材料的生产在中国仍为空白；52%的关键材料依赖进口；

95%的计算机和通用处理器的高端专用芯片、70%以上的智能终端处理器，以及绝大多数存储芯片依赖进口。为解决先进材料产业发展存在的问题，国家层面先后提出实施先进材料产业基础能力培育工程，建立首批次应用保险补偿机制，并启动"重点先进材料研发及应用"重大工程等。

三、国家推动成渝地区双城经济圈建设带来先进材料产业发展机遇

2020年1月3日，中央财经委员会第六次会议提出大力推动成渝地区双城经济圈建设。成渝地区成为具有全国影响力的重要经济中心、科技创新中心、改革开放新高地、高品质生活宜居地，助推高质量发展。总体来看，成渝地区先进材料产业的规模已经突破了4 000亿元，在高性能纤维及其复合材料、先进高分子材料、先进有色金属材料、先进钢铁材料等细分领域的技术水平达到国内领先、世界一流。未来，随着成渝地区双城经济圈建设战略进一步推进，成渝两地有望共同向国家争取重大项目落户和相关政策支持，建成世界级先进材料产业集群创新高地，也会给成都先进材料产业生态圈的建设带来发展机遇。

四、国内城市圈之间的竞争更加激烈

由于国家政策的支持引导和区域发展的迫切需求，先进材料产业已经成为许多地区产业发展的重点。先进材料产业的区域特色逐步显现，集聚态势更加明显。先进材料产业逐步形成了"东部沿海聚集，中西部特色发展"的格局。其中，环渤海地区依托技术创新，形成了电子信息材料、新型能源材料、生物医用材料、超导材料等产业集群；珠三角地区的先进材料产业集中度高，形成了以新型显示材料、无机材料、改性塑料、新型电池等材料为主

的产业集群；长三角地区的主导产业中有一半是具有比较优势的材料行业，并且产值比重在50%以上，市场占有率普遍高于全国市场份额的20%，形成了电子信息、新能源、航空航天等领域的先进材料产业集群。同时，长株潭地区、西安、重庆、洛阳等也都形成了差异化的区域发展特色，在能源材料、重大装备材料、多晶硅材料等领域实现突破，给成都先进材料产业生态圈建设带来挑战。

五、新能源材料、信息材料、生物材料成为新的发力方向

先进材料是新一轮信息技术革命的支撑和保障。随着5G、医药健康、新能源等产业的快速发展，先进材料的应用市场不断拓宽。其中，5G产业发展将带动5G材料的快速发展。有关行业机构预测，2025年、2030年5G产业将分别带来3.3万亿元和6.3万亿元的直接经济产出。应用端手机、基站、汽车等硬件载体都将对5G应用先进材料有更多的需求和更高的要求。随着生物技术产业平台和配套设施逐渐完善，以及相关政策支持力度不断加大，生物医药产业蓬勃发展态势明显。为适应生物医药产业发展需求，医用影像系统关键材料、医用高分子材料、卫生材料等先进材料成为重点突破方向，将带来巨大的市场。新能源产业的迅速发展和产业规模的迅速扩大，将促进磁性材料、纳米材料等大批新能源材料加快发展。当前，成都正全力攻坚电子信息、医药健康等五大先进制造业。在此过程中，成都应找准发力点，聚力做强新能源材料、电子信息材料、生物材料等产业。

六、应用场景成为制约先进材料发展的重要因素

先进材料产业是多个行业产业链的上游环节。由于新产品的研发需要通过

应用场景来验证产品性能，进而制定产品标准，因此很少出现新研发成果快速投入大规模使用的情况。先进材料产业的产品供给和市场需求往往较难匹配，"脱钩"问题突出，先进材料新产品首批次应用的市场受到极大制约。同时，由于先进材料产业发展存在前期投入大、技术门槛高、转化周期长等特点，因而其新产品价格普遍高于市场同类产品，产品推广更受限。随着人工智能、大数据、5G等技术逐步成熟，先进材料产品的应用市场不断拓宽、应用场景逐渐多元化，成都应加快推进新技术、新产品的推广应用，着力探索应用场景建设，力争率先突破先进材料新产品首批次应用较难的问题。

第二章
基础条件

一、产业规模持续扩大，对生态圈的支撑带动能力不断提升

2019年，成都市先进材料产业规模以上工业企业达到588户，实现主营收入1 403.7亿元，同比增长21.6%；实现利润83.6亿元，同比增长24.4%。2018—2019年先进材料产业运行情况如表3-2-1所示。其产业规模进入全国第二梯队前列，整体保持较好的增长态势，已在玄武岩纤维、芳纶纤维、氟硅材料、稀土功能材料等部分重要领域取得行业领先地位。成都市先进材料产业生态圈初具雏形。

表3-2-1　2018—2019年先进材料产业运行情况

类别	2019年		2018年	
	先进材料产业	全市	先进材料产业	全市
营业收入/亿元	1 403.7	—	1 153.4	10 909.5
增速/%	21.6	—	15.3	11.4
利润总额/亿元	83.6	—	119.7	648.8
增速/%	24.4	—	11.8	-5.9
利润率/%	5.96	—	7.8	5.9

二、产业链加速延伸拓展，生态圈核心架构基本形成

成都市先进材料产业生态圈主动服务国家做强产业基础的战略，面向成都主导产业的需求，构建"四大特色材料+四大优势材料"的产业链体系。在四大特色材料方面，围绕电子信息产业生态圈"芯—屏—端—软—智—网"的高质量发展需求，推进电子信息基础材料补链升级，成功招引化合物半导体材料企业国民天成，促进路维光电高世代掩膜版、中光电TFT基板和盖板玻璃等重大项目落地投产。依托电子科技大学电子薄膜与集成器件国家重点实验室，推动电子陶瓷、电子薄膜、电子浆料、集成电路覆铜板等电子信息用关键材料的研发。聚焦轨道交通、航空航天等装备制造产业需求，推动先进金属材料补链建设，推动航宇超合金高温合金项目成功实现产业化，促进天马轴承、攀钢板材、美奢锐、虹波实业等项目成功投产。巩固硬质合金领域优势，促进美奢锐碳氮化钛硬质合金、虹波实业钨钼硬质合金等项目成功实现产业化。聚焦绿色智能网联汽车产业生态圈需求，补齐电池材料上游配套，先后引进了天津爱敏特正负极材料、融捷新能源汽车电池产业园、巴莫科技三元正极材料、华鼎国联动力电池等重点项目，加快建设全国重要的锂电池材料生产研发基地，围绕氢燃料电池关键材料加快引进头部企业。在四大优势材料方面，从服务国家战略出发，进一步做强产业基础，成功推动连续玄武岩纤维、碲化镉发电玻璃等一批处于世界领先水平且拥有自主知识产权的关键材料率先在成都市实现产业化。依托四川石化年产80万吨乙烯的原材料优势，开展高性能氟硅材料、高端聚烯烃等关键技术研发工作，延伸发展先进高分子材料、精细及专用化学品、天然气利用等细分产业链。聚集了硅宝科技、金发科技、三菱化学等一批细分领域龙头企业，有效提升了有机硅密封材料、有机氟材料、汽车轻量化高性能复合材料、三聚氰胺尿

酸盐（MCA）阻燃剂等产品市场占有率。开展石墨烯、超导材料、新型三维（3D）打印材料等前沿技术研发工作，成功突破碳纳米管、石墨烯润滑油、石墨烯吸波材料等材料制备技术。

三、创新生态不断完善，生态圈发展动能有效增强

成都市先进材料产业生态圈始终把"围绕产业链部署创新链"作为创新工作的基本遵循，全面构建了以政府为主导、企业为主体、市场为导向、产学研深度融合的协同创新生态体系。拥有四川大学高分子材料工程国家重点实验室、国家有机硅工程技术研究中心、国家受力结构工程塑料工程技术研究中心、国家电磁辐射控制材料工程技术研究中心、国家生物医学材料工程技术研究中心等国家级创新平台15个。成功推动全国首批、西部首个国家先进材料测试平台区域中心在成都落户，可为西部地区所有先进材料领域企业的检验检测和技术评价提供一体化科技服务。组建产业技术创新联盟，推动先进材料产业向更高质量、更有效率、更可持续的产业高端发展。整合成都市材料领域重点实验室、工程技术中心等平台资源，鼓励科研院所提升现有创新资源供给与功能区发展需求匹配度，助推一批拥有自主知识产权的专家携先进材料创新研发项目落户成都市，协助青白江、彭州与中国科学院、大连理工大学等知名一流院所共建先进材料研发平台19个。

四、产业功能区加快建设，生态圈载体功能得到发挥

成都市先进材料产业生态圈围绕产业生态圈构建，立足各产业功能区资源禀赋和发展基础，统筹调整修正各功能区名称及产业细分方向，初步形成了三大重点产业功能区的错位协同发展布局。其中，青白江先进材料产业功

能区重点发展高性能纤维及其复合材料、新型能源材料、新型金属材料等，起到了龙头带动作用，引领着先进材料产业高质量发展。成都新材料产业功能区重点发展先进高分子材料，将原料优势转化为产业优势，作为先进材料下一步重点发展地区。天府新区新能源新材料产业功能区重点发展新型能源材料、电子信息材料，依托现有的重点项目成为锂电池材料核心发展区。

五、生产性配套能力持续提升，生态圈横向整合能力不断增强

针对先进材料产业链短、涉及范围广、应用范围广的特点，成都市先进材料产业生态圈分析了产业各环节要素的敏感度，有针对性地组织市场、政府资源，从而满足企业对生产要素的需求。创新土地供应方式，通过实施弹性年限供地、制定项目准入门槛等，建立盘活存量低效工业用地与新增工业用地相挂钩的"指标双下"奖惩制度，增强土地供给灵活性。积极搭建企业对接平台，促进产业链上下游企业相互对接，加快形成原料、资本、制造、技术、市场、研发、信息等环环相扣的产业生态。深入实施人才优先发展战略，精准引进先进材料产业急需的关键人才，制订先进材料产业生态圈人才计划实施方案等人才新政，赴清华大学、华中科技大学等知名高校开展"蓉漂"人才招引行动，采取各种措施加速本地专业人才院校建设。

六、生活环境持续改善，"人城产"理念进一步落实

成都市先进材料产业生态圈以"功能复合、职住平衡、服务完善、宜业宜居"为导向，以产业功能区为载体，提升生态圈的"聚"人能力。截至2019年9月底，青白江区开工建设人才公寓逾20万平方米；长流河湿地公园和工业遗址文创公园等"文化地标"也在加速建设。在邛崃，以泉水湖为城

市绿心的湿地公园核心区及配套骨干道路工程基本建成，创客中心正在加速建设，15万平方米的人才公寓即将竣工。彭州市依托小石河自然风光，建成了湔江生态湿地公园和环园区生态带，并不断完善产业功能区的绿色生态功能。

在先进材料产业生态圈建设的过程中，还存在一些短板，主要表现在以下几个方面：一是产业集中度不够高，龙头企业数量不够多，企业在整体上"零散""弱小"；二是基于产业生态圈的成都市"一盘棋"合力尚未形成，市县两级、功能区之间的协作分工有待进一步明确；三是产业显示度不够，对外宣传力度不够，围绕产业要素敏感度匹配要素的精准性不够；四是产业化能力不够强，本地配套能力不足，科技成果转化率不高。

第三章
思路、原则、目标

一、总体思路

　　服务做强产业基础的战略目标，打好产业基础高级化和产业链现代化的攻坚战，围绕建设国家级基础材料制造基地、创新型材料研发之都的发展目标，准确把握产业生态圈建设"核心在产业、关键在功能、支撑在园区、机制是保障"的基本要义，以产业为核心，强化产业基础能力，推动产业高质量发展，以创新为动力，完善创新体系，提升生态圈发展活力，以服务为支撑，强化政策保障能力，提升企业服务水平，以要素为牵引，精准配置要素，提升产业比较优势能力，以空间为纽带，推动产业功能区协作协同发展，加快构建产业带动能力强、要素配置效率高、资源流动舒畅的产业生态圈发展格局。成都市先进材料产业生态圈的发展格局见图3-3-1。

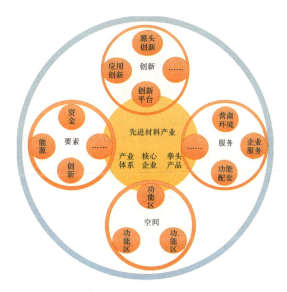

图3-3-1　成都市先进材料产业生态圈的发展格局

二、基本原则

1. 坚持开放、创新、包容三大理念统领发展

主动服务国家打好产业基础高级化、产业链现代化攻坚战的目标，强化主干城市引领辐射带动作用，围绕产业链部署创新链，围绕创新链配置资源链，将科技优势转化为产业优势，全面提升全球资源要素配置能力，加快构建开放、创新、包容的先进材料产业生态圈。

2. 坚持空间、规模、产业三大结构综合考量

着眼于提升先进材料产业生态圈建设工作的全局性，围绕打造"中国先进材料产业研发制造高地"的目标，整体谋划产业发展的空间布局、功能定位，以产业功能区为载体，着力调整升级产业结构、着力优化产业布局、着力做大产业规模。

3. 坚持生产、生活、生态三大布局统筹规划

坚持"一个产业园区就是一个城市新区、特色街区"的发展导向，围绕主导产业个性需求完善生产功能，围绕人力资源需求完善高端生活功能，围绕可持续发展未来需求完善绿色生态功能，全方位推进三大先进材料重点功能区"人城产"融合发展。

4. 坚持错位、协同、融合三大模式引领产业

立足资源禀赋、产业基础、交通区位、环境容量等发展条件，突出比较优势，坚持有所为有所不为，准确定位各功能区发展重点，强化全产业链分工配套和功能区协同合作，培育各具显示度的优势细分领域。

三、发展目标

（一）产业生态圈筑基期（2020—2022年）

1. 发展总目标

截至2022年年底，成都市先进材料产业主营业务收入达到2 000亿元，年均增长15%以上，营业收入亿元以上企业超过250家。

2. 产业链建设目标

在电子信息材料领域，化合物半导体材料产业集群形成，新型显示材料的国内领先地位进一步巩固，产值实现400亿元。在先进装备材料领域，特种钢铁材料形成产业规模，硬质合金材料产品产业规模和技术达到国内领先水平，产值实现200亿元。在新型能源材料领域，完整的锂电池材料产业体系形成，氢能源材料研发工作不断推进，产值实现250亿元。在生物健康材料领域，国内领先的生物材料研发中心建成，药物载体材料、高性能柔性电子材料、医疗影像系统关键材料加快突破，产值实现100亿元。在高性能纤维及其复合材料领域，芳纶纤维产品、PBO纤维产品实现全国排名第一，玄武岩纤维及其复合材料产品实现西部排名第一，产值实现200亿元。在先进高分子材料领域，有机硅密封胶材料产品国内的行业龙头地位不断巩固，石化下游成群成链，产值实现700亿元。在稀土功能材料领域，稀土储氢材料实现产业化，粘结钕铁硼磁体材料的国际领先地位不断巩固，汽车尾气净化催化剂稀土材料产品实现全国排名第一，产值实现50亿元。在前沿新材料领域，石墨烯薄膜、3D打印材料形成一定的产业规模，石墨烯、先进碳材料研究实力达到国内领先水平，产值实现100亿元。

3. 产业生态建设目标

在金融服务领域，金融对产业发展的支撑能力持续提升，"科创贷""壮大贷"覆盖面进一步扩大。在人才供给领域，引进10位院士级专家及团队，引育20名青年学者等高端人才，培养3万名先进材料技工人才。在土地供给方面，提升土地供给服务水平，清理闲置土地。在功能区建设方面，功能区基础设施配套建设完毕，生产性配套及生活性配套加快建设。

（二）产业生态圈提升期（2023—2025年）

1. 发展总目标

截至2025年年底，成都市先进材料产业主营业务收入达到2 500亿元，年均增长15%以上，营业收入亿元以上企业超过500家。

2. 产业链建设目标

在电子信息材料领域，围绕新一代信息技术、5G、人工智能发展需求，大力发展化合物半导体材料，推动电子化学品技术不断突破，实现新型显示材料达到国际领先地位。在先进装备材料领域，特种钢铁材料产业跻身国内第一方阵，硬质合金材料和有色金属材料技术和产业能力达到国际领先水平。在新型能源材料领域，锂电池材料实现全国排名前三，氢能源材料达到国内一流水平。在生物健康材料领域，研发实力达到国内一流水平，产业规模达到500亿级。在高性能纤维及其复合材料领域，高性能纤维及其复合材料各类产业实现在全国排名前三，部分产品研发制造水平达到国际一流水平。在先进高分子材料领域，千亿级先进高分子材料产业集群形成，跻身国内第一方阵。在稀土功能材料领域，稀土功能材料各类产品达到国内领先水平，部分领域达到国际领先水平。在前沿新材料领域，石墨烯、先进碳材料研发制造水平达到国内第一方阵，石墨烯、3D打印材料达到百亿级产业规模，部分领域达到国际领先水平。

3. 产业生态建设目标

在金融服务方面，天使投资、风投、证券、担保公司、银行为一体的多层次金融服务体系形成。在人才供给方面，引进10位诺贝尔奖及同级别专家及团队，引育100名国家级项目高端人才、1 000名专业高级管理人才，培养10万名先进材料技工人才。在土地供给方面，灵活多样的土地供给模式形成，土地亩均产出提升50%。产业功能区基本实现"功能复合、职住平衡、服务完善、宜业宜居"。

第四章
空间布局

　　根据成都市产业功能区及园区建设工作领导小组第五次会议部署要求，坚持以"有所为有所不为"的理念构建现代产业体系，凸显集群集聚发展的优势，精准定位三大重点功能区的产业发展和细分领域。成都先进材料产业生态圈三大重点功能区空间布局及细分领域见图3-4-1，成都先进材料产业生态圈协同发展区空间布局见图3-4-2。

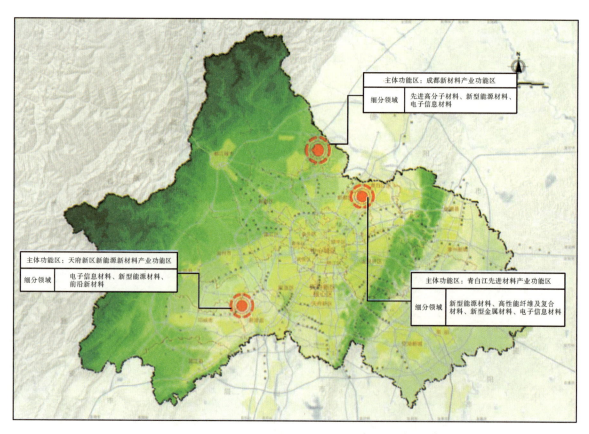

图3-4-1　成都先进材料产业生态圈三大重点功能区空间布局及细分领域

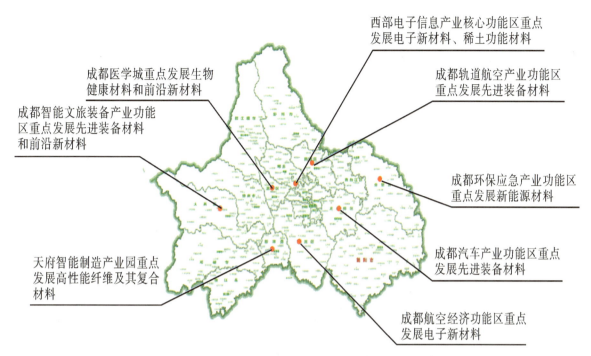

成都医学城重点发展生物健康材料和前沿新材料

成都智能文旅装备产业功能区重点发展先进装备材料和前沿新材料

西部电子信息产业核心功能区重点发展电子新材料、稀土功能材料

成都轨道航空产业功能区重点发展先进装备材料

成都环保应急产业功能区重点发展新能源材料

成都汽车产业功能区重点发展先进装备材料

天府智能制造产业园重点发展高性能纤维及其复合材料

成都航空经济功能区重点发展电子新材料

3-4-2　成都先进材料产业生态圈协同发展区空间布局

一、青白江先进材料产业功能区

青白江区先进材料产业功能区的规划面积为53.96平方千米，涵盖原工业区和新设立的弥牟镇、大同街道全境。

1. 高性能纤维及其复合材料产业领域

青白江先进材料产业功能区进一步巩固玻璃纤维领域产业基础，积极寻求与四川大学、中蓝晨光化工研究合作，加快发展芳纶纤维及其复合材料，积极引育碳纤维企业，发展碳纤维及其复合材料。

2. 新型金属材料产业领域

青白江先进材料产业功能区发挥攀钢研究院的技术基础，加快轨道交通用高强度钢铁材料的研发和产业化，加大同攀枝花联系，发挥钒钛资源优势，推动航空航天用钒钛合金实现产业化。

二、成都新材料产业功能区

成都新材料产业功能区的管理面积为87.4平方千米（覆盖隆丰街道全域），其中产业发展区的规划面积为15平方千米，包括成都石油化学工业园和先进材料产业园。

1. 先进高分子材料产业领域

成都新材料产业功能区发挥四川石化80万吨乙烯的原料优势，开展高性能氟硅材料、高端聚烯烃、环保型高分子材料等关键技术研发。

2. 新型能源材料产业领域

成都新材料产业功能区紧抓氢能产业快速发展的机遇，加快推进氢能材料相关技术研发和试点示范工作，抢占氢能产业发展的制高点。

3. 电子信息材料产业领域

成都新材料产业功能区发挥本地先进高分子材料的原材料优势，大力推进阻焊油墨、光刻胶等电子化学品的研发工作。

三、天府新区新能源新材料产业功能区

天府新区新能源新材料产业功能区的规划面积为126.3平方千米，其中建设用地面积约为47平方千米，规划范围涵盖羊安街道全境。

1. 电子信息材料产业领域

天府新区新能源新材料产业功能区依托化合物半导体龙头企业国民天成，重点发展砷化镓、氮化镓等第二代、第三代化合物半导体。

2. 新型能源材料产业领域

天府新区新能源新材料产业功能区依托融捷股份锂电池材料龙头企业，延伸发展锂电池材料产业链。

3. 前沿新材料产业领域

天府新区新能源新材料产业功能区正在加快推进先进碳材料、石墨烯等前沿材料的技术研发工作，力争成为前沿新材料产业高地。

第五章
重点任务

一、做强基础，提升产业基础能力，推动产业高质量发展

一是构建先进材料高质量发展产业体系。聚焦产业需求高、企业基础强、研发能力强、资源禀赋好的先进材料细分领域，培育构建先进材料产业生态圈，打造"四大特色材料+四大优势材料"的先进材料产业体系。推动青白江、邛崃、彭州等先进材料产业生态圈相关功能区重点围绕符合产业基础和配套需要的细分领域，加快建设核心起步区，完善生产活动所需的功能性平台、专业化基础设施配套和公共设施配套，吸引全球知名先进材料研究机构在成都设立分支机构，做好生产性配套服务工作。

二是培育具有先进材料优势的核心企业。加快培育大企业大集团，推动成都先进材料龙头企业实现强强联合、跨地区兼并重组、境外并购和投资合作，提高产业集中度，加快培育具有国际竞争力的企业集团。推动中小企业"专精特新"发展，以台嘉成都玻纤、成都翰江新材等在细分领域居于领先地位的先进材料企业为主体，以先进的技术打破国外垄断、替代进口为目标，抢占更高市场份额，着力培育一批专注于细分市场、创新能力强、市场占有率高、掌握关键核心技术、质量效益高的单项冠军企业。

三是培育先进材料重点拳头产品。争取将先进材料新产品纳入《四川省重点新材料首批次应用示范指导目录》，力争获得省上资金支持。加快重点

先进材料产品的产业化和市场化，鼓励成都先进材料企业精准研发、精准对接。鼓励保险公司创新险种，对重点先进材料产品的应用推广提供质量、责任等风险承保，调动下游企业使用国产先进材料的积极性。重点聚焦一批先进材料企业和产品，寻求国产先进材料产品与相关行业的商贸合作机会，努力实现国产先进材料产品替代进口、保障重大工程和重点产业的发展。

二、创新驱动，加快完善创新体系，推进产业自主开放发展

一是强化源头自主创新能力。提升现有创新资源供给与先进材料产业发展需求的匹配度，整合成都市先进材料领域重点实验室、工程技术中心和企业技术中心的创新资源，推进主体用户、核心企业、大专院校、科研机构形成市场化的全新伙伴关系，协同推进源头创新。聚焦"卡脖子"材料，加快聚集全球顶尖科研机构，吸引国际科技组织、知名高校、科研院所和科技服务机构来成都设立分支机构，开展关键技术联合攻关，形成一批具有自主知识产权的技术成果。

二是打造专业化创新平台。支持建设国家先进材料测试评价平台区域中心，积极争取在成都建设国家先进材料测试评价平台行业中心，为先进材料检验检测、技术评价及市场准入等提供优质服务，帮助企业完善先进材料技术成熟度等级划分体系。发挥四川在钒钛资源领域的战略性优势，与攀枝花一同向国家争取建设钒钛先进材料制造业创新中心。大力推动石墨烯、3D打印材料、高温合金、轻量化材料等先进材料产品在成都建设相关的应用场景，推动建成国家级先进材料示范应用平台。着力打造"投资+孵化"服务平台，为入驻先进材料产业功能区的创新创业者搭建财务咨询、培训交流、融资支持等平台，加大对先进材料领域科技成果转化项目的投融资力度。

三是开展先进材料应用创新。继续完善先进材料产品首批次应用补贴政策，解决先进材料企业新产品研发的后顾之忧。建设重点先进材料应用创新平台，依托上下游企业，提升技术研发和产业化能力，完善性能评价及应用示范线等配套条件，实现材料从设计研发到批量应用等多环节的协同促进。积极开展先进材料应用创新试点，聚焦电子信息等主导产业的发展需求和川藏铁路等重大工程的建设需要，跨领域营造应用场景促进产业融合发展，在衍生领域培育构建新的产业链条，打造高性能复合材料、新型金属材料、前沿新材料等先进材料产品的应用示范工程。

三、完善服务，强化政策保障，提升企业服务水平

一是持续优化营商环境。吸引成都市先进材料企业的上下游合作伙伴、服务对象来成都投资落户。依托成都市先进材料产业协会和产业联盟，打造先进材料供需交易对接平台。重点筛选引进一批具有国际影响力的先进材料领域的展会活动，做好目标企业邀请、投资环境推介等工作，扩大宣传效应。鼓励先进材料产业功能区打造先进材料线上展示馆、科普馆等宣传平台。进一步发挥先进材料产业联盟的作用，通过产业联盟打通企业与政府的桥梁，为先进材料企业提供更加优质的服务。

二是优化企业全生命周期服务。围绕先进材料企业选址融资、日常运营、容错处理等方面挖掘企业全生命周期需求，建立以企业全生命周期为核心的公共服务体系，为初创期、高速发展期和成熟期的先进材料企业提供针对性、专业化、个性化的服务。加强先进材料产业统计工作，率先在成都试点开展先进材料产品统计、行业统计，推动试点示范工作，开展先进材料产品成熟度评价工作，立足先进材料产品的全生命周期做好评价，为先进材料产品的应

用提供更加便利的渠道。

三是强化功能配套能力。着眼于先进材料产业的功能需要和产业人群的生活需求，优化调整三大重点功能区的生产服务配套、生活配套和基础设施配套等清单和建设目标表。集中优质资源规划建设管理功能区内部空间组团，从研发、生产、生活、人文、生态功能区进行布局，着力将三大先进材料产业重点功能区建设成成都市高品质城市生活社区的标杆。重点做好生产性配套服务，支持青白江区、邛崃市、彭州市的三大先进材料产业功能区建设产业加速器，加快建设高水平标准厂房及中试工程车间。

四、配套高端，精准配置要素，发挥产业比较优势

一是降低传统要素成本。在用地方面，率先在先进材料产业功能区推广新型产业用地制度，实行点状供地、混合供地。加快推进以产出为导向的土地资源配置制度改革，对先进材料项目严格执行准入审查。按照严格达产、到期考核的要求，对先进材料项目实行过程监督机制，确保项目建设按时按质完成。在用能方面，加快中石化彭州元坝气田项目开发，挖掘川西气田开采潜力，保障工业用气总量充足；积极推进电力体制改革，率先在先进材料产业生态圈开展配售电业务改革试点工作。在环保方面，在先进材料产业功能区安装废气、废水排放等环保装置；为符合纳入市政管网排污条件、达到纳管标准和要求的先进材料企业，办理排水许可证手续提供便利。

二是聚集创造高端要素。在人力资源方面，面向全球引进高层次领军人才，大力引进产业高质量发展急需的高端人才，完善高端骨干人才服务体系和各类产业人才培养体系。在资金方面，设立成都市先进材料产业投资基金，强化资金扶持，加快建立市场化、精准化金融支撑体系。在创新资源方

面，争取国家重大基础设施、国家级功能中心和创新中心在成都布局，实施规模以上企业研发机构全覆盖行动，综合运用基金引导、财政补贴、间接投入、贴息支持等方式降低企业研发成本。

五、区位重构，优化产业空间布局，打造先进材料产业集群

一是推进功能区协同发展。依托成都市先进材料产业基础、区位优势、资源配套条件及环境承载力，构建三大重点功能区的产业空间发展格局。在重点功能区发展电子先进材料、先进金属材料、高性能纤维及其复合材料、新型能源材料、先进高分子材料等细分领域；在新津县、高新区、双流区、新都区、龙泉驿区、大邑县、金堂县、温江区等先进材料产业协同发展区，重点发展符合产业基础和配套需要的细分领域。

二是推动先进材料产业在省域范围内协同。鼓励成都同周边市（州）的产业协作，发挥成都"主干"作用，加快推动成都与周边市（州）同城化发展。围绕先进材料产业发展与传统产业转型升级的重大技术需求，支持成都、绵阳、德阳等地的高校、科研单位、企业与国外相关机构联合开发，合理分工，力争四川省先进材料企业"抱团出海"。

六、贯彻国家战略，积极融入成渝地区双城经济圈建设

一是实施产业协同，绘制成渝地区先进材料产业链全景图。针对此次新冠疫情暴露出来的先进材料产业短板，重点对先进材料产业链关键缺失环节实施补链工程，着力引进培育产业链关键零部件及材料，鼓励零部件企业参与整机企业牵头的质量体系检测、认证。发挥成都和重庆各自在高性能纤维及其复合材料和金属材料方面的比较优势，加强产业配套互补。

二是实施创新协同，联合重庆市争取国家重大科技基础设施。围绕先进材料开展核心关键技术攻关，联合重庆市争取高性能复合材料、先进有色金属材料等领域的国家重点实验室、大科学装置、制造业创新中心、产业创新中心等，积极承担稀土材料、高温合金等国家科技重大专项和重点研发计划。抢抓西部科学城"一城多园"建设机遇，鼓励和支持产业集群与高校、科研机构建立"产学研用"协同创新网络，采取多种形式建立产业集群研发中心、设计中心和工程技术中心等，加大原创性技术供给，培育建设一批产业、产品协同研发平台，推动产业集群共性技术的研发和推广应用。

三是实施要素协同，建立集人才认定、引进、培训、交流、供给于一体的成渝人才培育交流平台和人才信息库，推动成渝互设装备制造职业教育实训基地开展职业人才定向互培，促进成渝两地产业人才资源互联共享。创新金融支持方式，推动成渝地区共同设立先进材料产业集群培育基金。探索新型产业链金融服务，以龙头企业为依托，通过产业链完善"信誉链"，为相关企业提供个性化金融解决方案，实现金融服务闭环，提升金融支持实体经济的能力。推动成渝地区能源供应定期会商，加强丰枯期电力、煤炭运行协调，强化天然气输送管网合作，共同争取国家增加天然气供应指标量和新增天然气产量切块留地方自主支配，实现能源要素优化配置。

第六章
保障措施

一、加强组织领导

加快推进先进材料产业生态圈"分管领导+市级部门+区（市）县"的工作机制，由分管市领导牵头，系统研究青白江先进材料产业功能区、成都新材料产业功能区和天府新区新能源新材料产业功能区的功能协同和产业政策，从全局谋划重大项目招引、重点企业培育等重大问题。定期召开先进材料产业发展推进会议，研究重大项目推进和规划落实情况，协调各方力量与资源解决规划实施、产业发展、项目推进中的重大问题和难题。

二、争取政策支持

抢抓中央财经委员会第五次会议提出"打好产业基础高级化、产业链现代化的攻坚战"的重大机遇，主动对接国家部委，及时掌握国家层面推动产业基础再造的思路和要求，同步开展成都市先进材料产业强基工程，积极争取国家工业强基专项支持。争取国家重大项目布局，支持企业申报国家和四川省重大专项、技术改造等政策支持项目。对接国家制造业创新中心建设工程，加快推动成都、攀枝花共建国家钒钛先进材料产业创新中心。

三、强化监督考核

以强化重点工作绩效评价为导向，从生活配套和设施保障、主导产业与企业培育、政策资源方向和效率等方面，构建精简量化的评价考核指标体系，根据三个重点功能区的发展动态，定期更新考核情况，检验成都市先进材料产业生态圈的建设成效。聚焦先进材料产业功能区，建立差异化考核机制，提高功能区相关指标在区（市）县目标考核体系中的权重，实施市县两级主管部门和功能区双向考核。健全考核激励机制，对考核优秀的功能区给予土地、资金等要素奖励。

政策篇

第一章
省级政策汇总

成都市先进材料产业生态圈省级政策汇总见表4-1-1。

表4-1-1　成都市先进材料产业生态圈省级政策汇总表

政策名称	有关内容
《新材料产业培育方案》	1.强化组织领导。充分发挥省领导联系新材料产业工作机制作用，强化部门协调和上下联动，联系机制下成立专项工作推进小组，成立新材料产业发展专家咨询委员会。按照"培育方案"+"年度重点任务清单"的工作方式，统筹研究和推进新材料产业发展的重大政策和重要工作安排，统筹协调钒钛、稀土、锂及玄武岩、石墨等资源开发和产业化重点工作。 2.加大政策扶持力度。将新材料产业发展作为重点支持方向，优化省级工业发展资金支出结构，加大财政对新材料产业发展的支持力度，重点支持新材料研发、产业化和应用示范项目等方面。研究制定支持新材料企业发展的政府采购政策。研究支持钒钛、稀土、锂等战略资源开发和新材料发展的要素保障政策，落实省委省政府关于加快电力体制改革的部署，降低企业用电成本。对符合土地利用总体规划和城乡规划的新材料产业项目，优先保障用地。 3.提高金融支持水平。推动新材料首批次保险经营常态化，引导政府各类创业投资基金和产业投资基金，对符合投向的新材料企业及项目给予支持。培育发展多层次资本市场，支持符合条件的新材料企业登陆主板、中小板、创业板、"新三板"上市挂牌，按规定对股权融资企业奖励、对债券融资企业贴息。发挥资本市场助推作用，引导金融机构聚焦新材料产业发展需求，积极创新知识产权质押融资等金融产品和服务，提高金融服务精准度。 4.加强产业发展人才培养。实施新材料领域高技术人才培养计划，在重点企业、研究院所选拔优秀年轻创新人才，加大专业技术人才、经营管理人才和技能人才的培养力度，提高产业技术队伍整体素质，完善面向新材料产业的人才服务体系。围绕新材料重点领域组建一批"企业家+专家"的人才团队，支持高校和科研机构的专业技术人员为企业研发服务。积极开展新材料人才国际交流，鼓励专业技术人才到国外学习培训，加大海外新材料创新创业人才引进力度。

表4-1-1（续）

政策名称	有关内容
《新材料产业培育方案》	5.优化创新发展服务。编制四川省新材料领域产品与技术推荐目录，结合国家军用技术转民用推广目录，拓宽新材料军民领域资源共享和双向转化渠道。培育服务新材料行业的公共服务平台，引导支持其开展技术、咨询、融资、信息、检测、知识产权等服务，开展创新服务、搭建新材料产业供需对接平台等活动，促进行业合作交流。开展专业招商，瞄准世界500强和国内500强中的新材料企业，争取有更多市场前景好、带动能力强、产品附加值高、产业发展急需的新材料项目落户四川。 6.推进军民融合发展。鼓励优势民口企业参与军品科研生产，开展军用新材料研发与生产，推动军工单位与民口企业开展协同创新和协作配套。充分发挥军民融合服务平台作用，向相关单位提供科研仪器共享、检验检测、知识产权、技术成果转移孵化等公共服务，助力军民两用新材料研发、生产和应用。 7.加强行业管理。建立新材料产业统计体系，开展新材料产业运行监测，定期发布新材料产业的发展信息，引导新材料产业健康有序发展。鼓励重点领域新材料企业与下游用户单位组建产业联盟，利用与联盟单位的合作关系，实现先期介入、精准研发，精准对接应用。支持组建新材料行业协会，发挥行业协会熟悉行业、贴近企业、信息共享等方面的独特优势，鼓励各级政府通过购买第三方专业服务等方式支持行业协会参与行业管理、协调和服务工作。
《四川省"十三五"战略性新兴产业发展规划》	1.稳步发展先进金属材料。做大做强高速重载铁路用钢、不锈钢无缝管、节镍型高性能不锈钢等高性能和专用特种优质钢材。重点发展轨道交通用大型铝合金型材、汽车车身用铝合金材料、高纯高压电子铝箔等高端材料。大力发展碲铜环保型铜合金、高性能铝合金、双零铝箔、铝镁合金、大规模集成电路引线框架、铜镍硅合金等深加工产品。加快钒钛、稀土、锂、碲等特色优势资源高质化利用，强化新型功能材料、专用工艺和技术研发，推广应用智能化、绿色化生产设备与工艺，建立专业化特色资源先进材料回收利用基地，促进特色优势资源先进材料可持续发展。 2.大力发展先进高分子材料。加强工程塑料改性及加工应用技术开发，大力发展专用树脂制造、工程塑料制品制造、塑料合金制品制造、改性塑料制品制造和生物基与生物降解塑料制品制造等。重点发展用于电子电气、轨道交通、汽车、室内装饰与建筑材料等领域的低烟、低毒的环境友好无卤阻燃剂与阻燃高分子材料。突破低甲醛三聚氰胺泡沫塑料的阻燃高性能化技术及产品推广应用，加速替代六溴环十二烷阻燃的聚苯乙烯泡沫塑料建筑保温材料产品，发展高难燃级别的聚苯乙烯泡沫建筑保温材料。大力发展高性能水处理膜、新型电子电工功能膜、平板显示薄膜等新型膜材料产品。积极发展高分子生物医用材料、高分子纳米复合材料。

表4-1-1（续）

政策名称	有关内容
《四川省"十三五"战略性新兴产业发展规划》	3.加快发展新型无机非金属材料。择优发展新型高性能结构陶瓷材料、新型高性能功能陶瓷材料、石油压裂支撑剂和节能环保用新型陶瓷材料。重点发展光功能玻璃、机械性功能玻璃、电磁功能玻璃、耐热性能玻璃、节能玻璃等特种玻璃。加快发展人造金刚石、人工晶体、高纯超细石墨等其他无机非金属材料。积极发展多功能复合性新型绿色环保建筑材料。 4.提升发展高性能纤维及复合材料。积极开发高性能玻璃纤维、连续玄武岩纤维、硅酸铝陶瓷纤维、石膏纤维（晶须）、竹原纤维及下游产品，推动高端碳纤维的工程化应用和产业化发展。加大对碳纤维、芳纶纤维等高性能增强体和环氧、双马、聚酰亚胺等多功能聚合物基体的研发力度，加快发展高性能复合材料、长纤维和连续纤维增强热塑性材料、热固性树脂基复合材料。重点研发和扩大应用"碳-氮"化物复合陶瓷、自增强碳化物陶瓷、自增强氮化物陶瓷等高性能结构型陶瓷材料。大力发展竹缠绕复合材料技术，加快发展竹缠绕复合材料。 5.突破发展前沿新材料。推进新型电子材料的研发和产业化，加快高性能电子级晶硅材料产业化进程。加强纳米材料技术研发，重点突破纳米碳材料及制品的制备与应用关键技术，积极开发纳米粉体、碳纳米管、富勒烯、石墨烯等材料，推进纳米碳材料在新能源、节能减排、环境治理、绿色印刷、功能涂层、电子信息和生物医用等领域应用。加快石墨烯低成本批量制备及纯化技术和透明电极手机触摸屏研发产业化，推动石墨烯在航空航天、集成电路、平板显示、复合材料、新型电池等高端领域应用。积极推进基于电磁波操控技术的超材料制备关键技术突破，大力推进在航空航天、电子信息、国家安全等领域的应用。加快研发智能材料、仿生材料、超材料、低成本3D打印材料，加快研发新型低温超导和低成本高温超导材料，加大空天、深海、深地等极端环境所需材料的研发力度。

第二章
市级政策汇总

成都市先进材料产业生态圈市级政策汇总见表4-2-1。

表4-2-1　成都市先进材料产业生态圈市级政策汇总

政策名称	支持内容
《关于印发贯彻〈创新要素供给培育产业生态提升国家中心城市产业能级若干政策措施的意见〉项目申报指南的通知》	1.对年收入50万元以上人员进行补助，对引领带动作用强或新经济领域的企业家（不包括国有企业）进行补助。原则上按申报人上一年度个人年收入（税后）的5%补助。 2.对国家级企业技术中心、制造业创新中心、技术创新示范企业、中国质量奖、全国产业集群区域品牌建设示范区给予300万元的一次性奖励；对获得国家"质量标杆"称号的企业给予100万元的一次性奖励。 3.依据制造业创新示范中心在固定资产、创新平台建设投入的10%可享受最高100万元的一次性补助。 4.对获国家、省服务型制造示范企业分别给予最高100万元、50万元的一次性奖励。 5.对符合条件的工业设计中心，按上一年度新增设计设备和软件投入的20%给予最高100万元的一次性补助。 6.对获得德国红点奖、德国IF奖、美国IDEA奖、日本G-Mark设计奖等四大国际工业设计奖顶级奖的企业给予最高50万元的一次性奖励，对获得国际工业设计奖项的企业给予最高10万元的一次性奖励；对获得中国优秀工业设计奖的企业给予最高10万元的一次性奖励。 7.对工业设计大赛组织方单项给予最高200万元的一次性奖励。 8.对新创建的国家级工业设计中心给予最高300万元的一次性奖励；对国家级、省级工业设计示范园区（基地），分别给予最高300万元、150万元的一次性奖励。 9.对军民融合企业在蓉独立或联合实施的军民两用技术创新成果产业化项目，按企业技术研发投入的20%给予最高300万元的一次性补助。

表4-2-1（续）

政策名称	支持内容
《关于印发贯彻〈创新要素供给培育产业生态提升国家中心城市产业能级若干政策措施的意见〉项目申报指南的通知》	10.对固定资产投入达到1 000万元（含）的技改项目，按固定资产投入的5%给予补助；对固定资产投入在1 000万元（含）~2亿元的技术改造项目，给予最高300万元补助；对固定资产投入在2亿元（含）以上的技术改造项目，给予最高500万元补助；若设备投资占固定资产投资比重大于或等于50%，按固定资产投入的5%核定相应补助；若设备投资占固定资产投资比重小于50%，按设备投资额2倍的5%核定相应补助。 11.对市外新引进协议投资1亿元（含）以上且在签约一年内开工建设的重大工业和信息化项目，按两年内实际固定资产投入的3%给予最高500万元补助；对市外新引进或龙头企业新增我市产业链关键缺失和延伸的制造业生产性项目，固定资产投资额5亿元（含）以上的，再按照实际固定资产投资额的2‰给予一次性补助，最高限额200万元。 12.对年度主营业务收入首次突破100亿元、50亿元、30亿元的企业，分别给予企业经营者100万元、50万元、30万元奖励；以后每跨越一个百亿元台阶，相应给予100万元奖励。 13.规模企业上台阶奖励项目的支持标准：经认定的企业给予20万元奖励。企业上规奖励项目的支持标准：经认定的企业给予10万元奖励。 14.科技成果转化补助项目的支持标准：按项目技术研发投入的15%给予最高200万元的一次性补助。 15.国际技术标准制定奖励资金总额为60万元。对于有多个编制单位的，其中标准制定第一承担单位奖励资金40万元，其余参编单位共计奖励资金20万元。国家技术标准制定奖励资金总额为40万元。对于有多个编制单位的，其中标准制定第一承担单位奖励资金25万元，其余参编单位共计奖励资金15万元。行业技术标准制定奖励资金总额为25万元。对于有多个编制单位的，其中标准制定第一承担单位奖励资金15万元，其余参编单位共计奖励资金10万元。只奖励技术标准制定第一和第二承担单位；系列技术标准只能申请一项标准奖励；同一技术标准，如多家企业申请的奖励额累计超过奖励总额，则按照相应比例分配奖励资金；单户企业年度内最高奖励100万元。 16.对成都高新区、成都天府新区、近郊区（市）县工业园区基础设施建设项目，按上一年度实际投入的3%给予补助；对远郊区（市）县工业园区基础设施建设项目，按上一年度实际投入的5%给予补助，单个工业园区年度内最高补助5 000万元。 17.对在上一年度投资新建三层及以上厂房的，按100元/平方米给予最高不超过300万元的补助；对在上一年度将原有厂房改造升级为三层及以上厂房的，对改造厂房（不含原有部分）按100元/平方米给予最高不超过300万元的补助。

表4-2-1（续）

政策名称	支持内容
《关于印发贯彻〈创新要素供给培育产业生态提升国家中心城市产业能级若干政策措施的意见〉项目申报指南的通知》	18.对上一年度新增的国家级、省级开发区的工业集中发展区，分别按照国家级1 000万元、省级200万元的标准给予一次性资金奖励。对上一年度新创建的国家级、省级新型工业化及其他专业化基地的工业集中发展区，按照国家级200万元、省级50万元的标准给予一次性资金奖励。 19.对龙头企业投资的战略性新兴产业项目，按吸收的创业风险投资金额给予最高不超过10%的补助，单个项目最高不超过100万元。 20.获得首批次认定的新材料产品，按照上年度销售总额的10%给予新材料生产（研制）单位不超过250万元的补助；按照上年度采购金额的10%给予新材料应用单位不超过250万元的补助。同时获得四川省、成都市新材料首批次认定的产品，若所获省级奖励资金低于市级标准，按市级标准给予一次性差额补助；若所获省级奖励资金高于市级标准，不再予以补助。 21.对纳入国家、省两化融合管理体系贯标试点企业的给予最高10万元的一次性奖励，对实现达标的企业给予最高20万元的一次性奖励；支持第三方机构提供两化融合咨询、培训等专业化服务，对纳入国家企业两化融合管理体系第三方贯标服务机构的给予最高20万元的一次性奖励，对成为认定服务机构的给予最高50万元的一次性奖励。 22.支持物联网示范应用项目。按项目投入的5%给予资金补助，单个项目补助金额最高不超过100万元。 23.鼓励企业间协作配套。对我市上一年度相互采购产品（服务）采购额在500万元以上且无关联关系的，给予采购方采购额的5%的奖励；采购方单户企业最高奖励100万元。对其他法人单位采购我市企业产品（服务）的，给予采购方采购额的1%的奖励；采购方单户企业最高奖励100万元。申报奖励的增值税抵扣发票只能申报我市一个项目，不能重复申报。 24.对工业企业实施的节能量在100吨标准煤以上200吨标准煤以内（含200吨）的节能改造项目给予10万元奖励；对节能量超过200吨标准煤的项目，节能量每增加100吨标准煤，再给予5万元奖励。单个项目奖励最高不超过200万元。对建筑、交通运输等领域企（事）业单位实施的节能量在50吨标准煤以上100吨标准煤以内（含100吨）的节能改造项目给予10万元奖励；对节能量超过100吨标准煤的项目，节能量每增加50吨标准煤，再给予5万元奖励。单个项目奖励最高不超过200万元。对首次获得能源管理体系认证证书的重点用能企业，一次性给予15万元奖励。 25.淘汰落后产能补助项目的支持标准：对符合申报条件的企业，按企业淘汰设备评估价值（设备评估须由有资质的中介机构进行）的20%给予最高200万元的一次性补助。 26.符合申报条件且审核合格的企业和境外工业园区项目，按照单个项目100万元/年的标准，给予投资企业（联合投资按持股或投资比例予以支持）最长3年的补助支持，且每年补助均应满足申报条件要求。

表4-2-1（续）

政策名称	支持内容
《关于印发贯彻〈创新要素供给培育产业生态提升国家中心城市产业能级若干政策措施的意见〉项目申报指南的通知》	27.符合申报条件且审核合格的企业，境外单个项目投资额在1 000万元（含）到5 000万元的，给予50万元的一次性补助支持；符合申报条件且审核合格的企业，境外单个项目投资额在5 000万元（含）到1亿元的，给予100万元的一次性补助支持；符合申报条件且审核合格的企业，境外单个项目投资额在1亿元（含）以上的，给予100万元人民币/年，最长3年的补助支持。 28.按照展位面积给予每9平方米（标准展位）2万元补助；单户企业每次参展补贴不超过50万元，全年补贴不超过100万元；我市工业和信息化商（协）会组织企业赴境外参展参会的，按照组织参展企业1万元/家，参会企业0.5万元/家，给予单个商（协）会最高100万元/次的组织费用补贴，全年补贴不超过200万元。 29.我市企业向世界500强企业提供产品、加工和服务，年度配套额达到1 000万元人民币以上，按照配套额的2%给予单户企业最高不超过100万元补助。 30.固定资产项目、信息化项目分别按实际投资额不超过10%的比例给予最高100万元补助，管理咨询项目按照实际投资额不超过50%的比例给予最高30万元补助。同一企业只能申报其中一个项目；中小企业为融入龙头企业供应链而实施的固定资产项目，按实际投资额不超过12%的比例给予最高120万元补助。 31.支持为我市产业发展提供服务的成都市中小企业公共服务平台、小企业创业基地实施的服务能力提升项目和服务活动，按实际投资金额不超过30%给予最高200万元的补助；支持引进建设服务型制造平台，按平台上年度实际固定资产及软件投入的30%给予最高不超过100万元的补助。 32.对符合条件的中小微企业，实际支付利息中按中国人民银行当期基准利率计算利息金额不高于50%的比例给予贴息。单户企业最高不超过80万元。 33.对担保机构形成的我市中小企业贷款担保代偿，按不超过15%给予补助。单个机构最高限额不超过300万元。 34.企业租用成都市小企业创业基地内生产经营场地费用，按照实际支出不超过50%的标准，最低1万元、最高30万元进行补助。 35.围绕产业发展开展的中小企业素质提升短期培训，按照每期最高150元/人的标准对培训机构给予补贴。
《成都市鼓励企业引进培育急需紧缺专业技术人才实施办法》	1.引进人才安家补贴。对符合本办法第二条的企业新引进的符合《成都市急需紧缺人才和高端人才目录》（附件）A、B、C类条件之一的人才，从引进的次月起3年内，给予3 000元/（人·月）的安家补贴；符合《成都市急需紧缺人才和高端人才目录》（附件）D类条件之一及符合《成都人才开发指引（白皮书）》中紧缺度3星的产业需求岗位要求的人才，从引进的次月起3年内，给予2 000元/（人·月）的安家补贴。

表4-2-1（续）

政策名称	支持内容
《成都市鼓励企业引进培育急需紧缺专业技术人才实施办法》	2.引进人才奖励。对符合本办法第二条的企业新引进的符合《成都市急需紧缺人才和高端人才目录》（附件）A、B、C、D类条件之一的人才，从引进的次月起3年内，按本人年度上缴个人所得税的市和区（市）县级收入部分全额给予奖励。 3.企业引才奖励。对重点创新创业团队和知名企业在上一年度内成功引进符合《成都市急需紧缺人才和高端人才目录》（附件）和《成都人才开发指引（白皮书）》中紧缺度3星的产业需求岗位要求的人才，对成都发展做出重大贡献的，按照引进人才年度内直接创造利润额的10%给予引才奖励，最高不超过500万元。 4.企业引才补贴。对符合本办法第二条的企业通过猎头公司等人力资源服务机构成功引进符合《成都市急需紧缺人才和高端人才目录》（附件）和《成都人才开发指引（白皮书）》中紧缺度3星的产业需求岗位要求的人才，按其支付给猎头公司等人力资源服务机构服务费的50%给予企业引才补贴，最高不超过10万元。 5.专业技术职称提升奖励。符合本办法第二条的企业的专业技术人才，获得副高级专业技术职称并聘用的给予每人3 000元一次性补贴；获得正高级专业技术职称并聘用的给予每人6 000元一次性补贴。
《成都市与在蓉高校院所协同引进海内外高层次创新创业人才的实施办法（暂行）》	1.对协同引进且入选"成都人才计划"的海内外高层次人才，在我市战略性新兴产业领域以及特色优势产业领域开展创新创业活动的，最高给予300万元的创新创业资助；对入选"成都人才计划"顶尖创新创业团队的，最高给予500万元创新创业资助。此项纳入"成都人才计划"高层次创新创业人才专项资助。 2.对协同引进的人才或团队所在企业和高校联合组织实施的符合成都产业发展方向的关键核心共性技术协同攻关项目予以优先立项支持，对其协同创新产品最高可给予100万元研发经费补贴。此项纳入市科技局产业集群协同创新专项和企业创新研发资助专项资助。 3.对协同引进的人才或团队带资金、带技术在蓉创办或领办具有自主知识产权和国内领先核心技术的科技型企业，注册资本不少于100万元、自有资金或技术入股持股比例不低于30%的，给予一次性最高100万元研发经费资助。此项纳入市科技局科技人才创新创业专项资助。 4.对协同引进人才或团队创办或领办企业，利用债权、股权和知识产权开展质押融资，最高可给予1 000万元信用贷款支持，并给予最高100万元的债权融资补贴；鼓励其积极吸纳天使投资，给予所获投资额的10%、最高100万元的天使投资补助；鼓励其开展上市融资，对在"全国中小企业股份转让系统"挂牌上市的，给予50万元上市融资补贴。此项纳入成都市科技金融专项资助。 5.在蓉高校院所在我市战略性新兴产业领域以及特色优势产业领域协同引进人才或团队，按引进1人或1个团队，给予高校院所最高20万元的奖励。此项纳入"成都人才新政十条"专项资助。

第三章
区（市）县级政策与产业功能区政策汇总

成都市先进材料产业生态圈区（市）县级政策与产业功能区政策汇总见表4-3-1。

表4-3-1　成都市先进材料产业生态圈区（市）县
级政策与产业功能区政策汇总

政策名称	支持内容
《彭州市加快主导产业发展的若干政策措施（2018年修订）》	1.园区特色专项措施：鼓励企业重大产业化项目入驻园区。对新引进的世界500强、国内100强及细分行业领先、技术先进的企业投资项目，专题研究给予奖励。 2.园区特色专项措施：入园企业专项扶持。园区提供给入园企业的生产原料以比选方式获得，世界500强、国内100强企业及细分行业领先企业可享有优先权。已在园区投资项目，年营业收入不少于5亿元且上一年度对地方经济的贡献不少于2 000万元，无不良环保安全生产记录，拟在园区内再次投资项目的企业，所需原料同等条件下在供应价格与供应数量上优先予以保障。 3.园区内年营业收入不少于5亿元、上一年度对地方经济的贡献不少于2 000万元的企业，在下一年度公用工程（公用管廊、火炬、生产供水等）单价可享受投资协议价1%～5%的下浮（具体下浮比例视企业对地方经济贡献确定）。
《成都市青白江区关于促进产业发展若干政策》	1.促进先进材料和先进制造业发展，支持新项目加快发展。对新引进的符合我区产业发展规划的重大项目，按照协议约定正式投产后，自首次上规入库年度起，前三年、后两年分别按其当年对地方经济发展贡献的50%、30%给予奖励。

表4-3-1（续）

政策名称	支持内容
《成都市青白江区关于促进产业发展若干政策》	2.鼓励原有企业上台阶。对当年地方经济发展贡献同比增幅在10%以上的规上先进制造业企业，按照当年对地方经济发展贡献增量部分的50%给予奖励，其中30%用于奖励经营班子。对区内发展良好的先进制造业企业扩大生产规模的，优先保障项目用地，扶持政策按照新引进项目标准执行。 3.支持新建产业"园中园"。对投资建设符合我区产业发展方向的产业园、科技园和标准化厂房，在合作期限内，招引项目、地方经济发展贡献等承诺达到协议约定的，自引进项目纳税年度起，前三年、后两年分别按照该项目对地方经济发展贡献的80%、50%给予园区建设运营方奖励。入驻企业的扶持政策由园区建设运营方负责兑现。 4.支持会展业发展。在我区内举办的，经主管部门认定，展览面积在5 000平方米以上，且参展商家在100户以上的重点展览项目，每次给予20万元的资金补贴；对展览面积在20 000平方米以上，且参展商家在500户以上的重点展览项目，每次给予80万元的资金补贴。 5.支持"两头在外"企业入驻发展。对"两头在外"企业租赁园区标准化厂房从事研发、设计、制造等，自入驻之日起，前半年对厂房租金予以全额补助，半年后，连续3年按照厂房租金的30%予以补贴。同时，对"两头在外"企业上规入库的，按照新引进项目政策给予地方经济发展贡献奖励。
《成都市青白江区关于促进人才优先发展若干措施的意见》	实施产业人才集聚工程。设立2亿元产业人才发展资金，支持先进材料、智能装备、现代物流（铁路）、口岸服务、加工贸易、跨境贸易等区重点产业引进高精尖缺产业人才或顶尖团队，促进各类人才在重点产业领域创新创业。

参考文献

［1］成都市人民政府办公厅. 关于促进成都新型材料产业高质量发展的实施意见：成办发〔2019〕44号［A/OL］.（2019-12-31）［2020-10-15］. http://gk.chengdu.gov.cn/govInfoPub/detail.action?id=114249&tn=6.

［2］工业和信息化部、发展改革委、科技部、财政部. 关于印发新材料产业发展指南的通知：工信部联规〔2016〕454号［A/OL］.（2016-12-30）[2020-10-15]. https://www.miit.gov.cn/zwgk/zcwj/wjfb/zh/art/2020/art_56924accba3d43faa6cc010d682215b5.html.

［3］国家新材料产业发展专家咨询委员会. 中国新材料产业发展年度报告（2017）[M]. 北京：冶金工业出版社，2018.

附 录

附录1 产业链全景图

成都市先进材料产业生态圈各个产业的产业链见附图1－1至附图1－9。

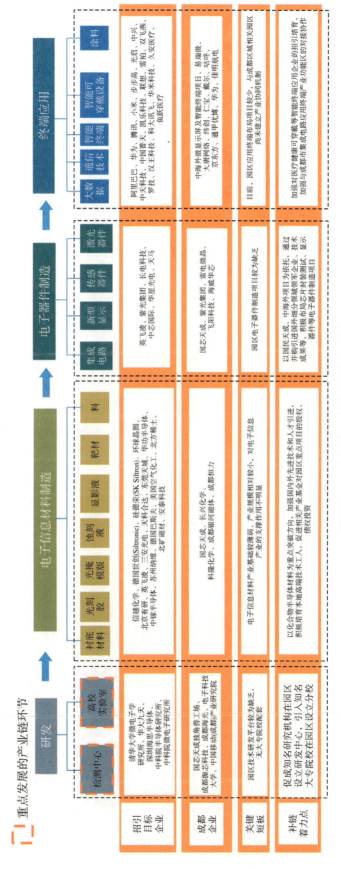

附图1－1 成都电子信息材料产业链

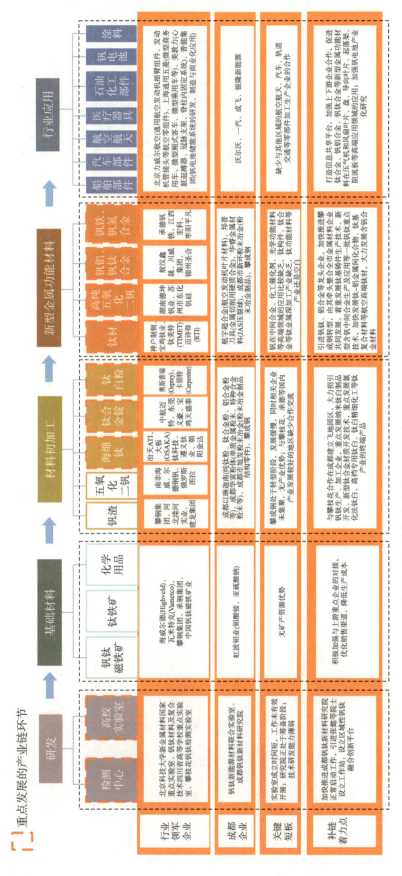

附图1-2　成都先进装备材料（新型金属功能材料）产业链

附　录

重点发展的产业链环节

附图1-3　成都新型能源材料产业链

	研发		基础材料			电池材料				电芯与封装		行业应用			
	检测中心	高校实验室	镍钴锰	锂	石墨等	正极材料	负极材料	隔膜	电解液	电芯制造	封装	新能源汽车	充换电设备	电动工具	输配电
行业领军企业	北京市新能源材料与器件重点实验室、复旦大学新能源研究院、南京大学材料科学与工程系新能源材料实验室、三峡大学新型能源材料实验室		OMG、金川集团、华友钴业、中国中冶	SQM、赣锋实业(FMC)、青海锂业、天齐锂业	石墨烯材料(Graphene Materials)、贝特瑞、方大碳素	日亚化学、住友化学、湖南杉杉、北大先行	日本化学、贝特瑞、上海杉杉	卡尔格德(Celgard)、旭化成、星源材质、中科科技	LG化学、江苏国泰、新宙邦、力神	Lg化学、三星SDI、AESC、SK创新(SK Innovation)、宁德时代	ATL、三洋(Sanyo)、索尼(Sony)、比亚迪、力神	比亚迪、奔驰、雷克萨斯、大众	普天新能源、北京华商三优	万向、东风、博世(Bosch)	许继电气、国电南端
成都市企业	钒钛新能源材料联合实验室		成都晶元新材料	天齐锂业、赣锋锂业、四川黄络	—	爱敏特、融捷能源、四川科能锂电		成都思成科技、成都裕宁、成都芝田高分子	—	巴莫科技动力电池及3C电子用锂离子电池、磷酸铁锂电池、三元材料电池、国联动力(生产磷酸动力电池及配套材料)		景云祥(无电池)、成都重汽王牌(新能源用车)			
关键短板	缺少国家级重点实验室以及检验检测、协同创新平台等		缺少基础材料配套企业			目前汉科芝田高分子一家龙头企业，相关企业未形成集聚效应				华鼎国联动力电池产业化基地项目尚在建设过程中，产业基础较薄弱		本地能与新型能源材料企业直接配套的下游应用企业少，与成都经开区、简州新城等新能源车制造企业未形成协同配套			
补链着眼点	建立产车研电动车联合实验室、新能源汽车电池研发工程平台等，力争创建动力电池研究重点实验室，国家级新型能源材料汽车动力电池"产学研用投"一体化发展体系		依托四川省锂矿等资源优势，与四川省相关基础材料企业加强协作			重点发展磷酸铁锂等新型能源材料及器件材料、软材料及硅基复合材料等制造，实现高品质PE隔膜、PP隔膜、陶瓷涂层隔膜的规模化生产；着眼高安全性新型复合隔膜，突破新能源隔膜部分的高效、全性能纯化技术、加快发展铝箔、铝箔及铝塑膜等辅助材料				加快建设国联动力电池生产基地项目，努力形成行业龙头及本地配套优势，推动带动上下游企业集聚发展，创新科技技术、提升电池制造工艺、着着力在电池容量精度、安全性、轻量化等方面突破协作发展		聚焦新能源汽车、无换电设备等重点下游应用领域，鼓励成都重汽王牌汽车产品系列做大做强，加快推进纯电动汽车整车集聚发展、底盘车身轻量化创新突破、与新能源车经开区、简州新城等新能源动力电池材料及装配协作发展			

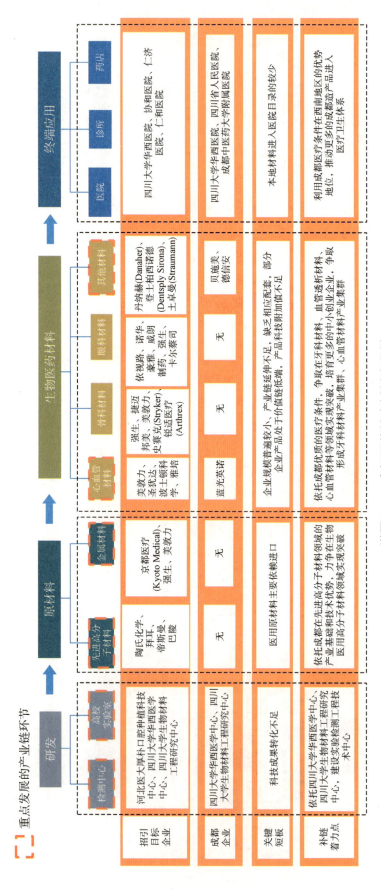

附图1-4　成都医药健康材料产业链

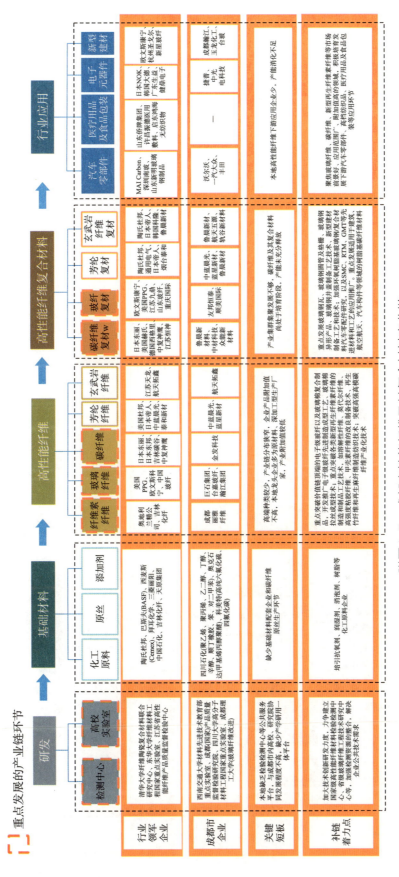

附图1-5 成都高性能纤维及其复合材料产业链

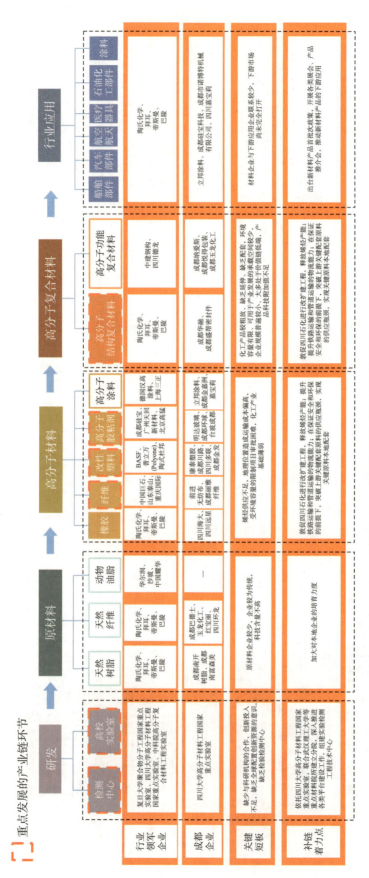

附图1-6 成都先进高分子材料产业链

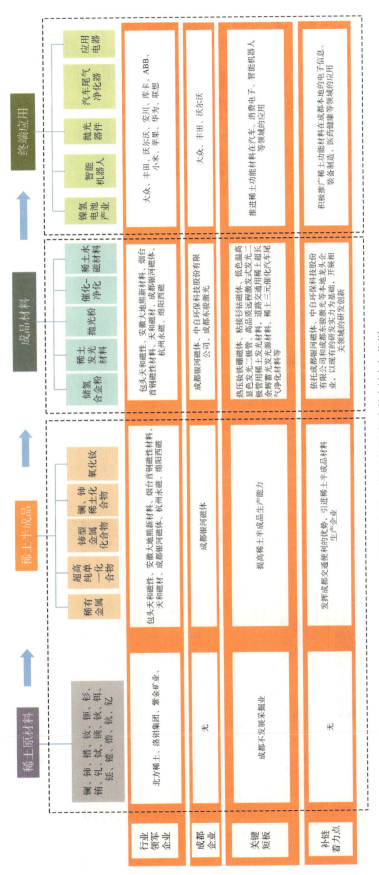

附图1-7　成都市稀土功能材料产业链

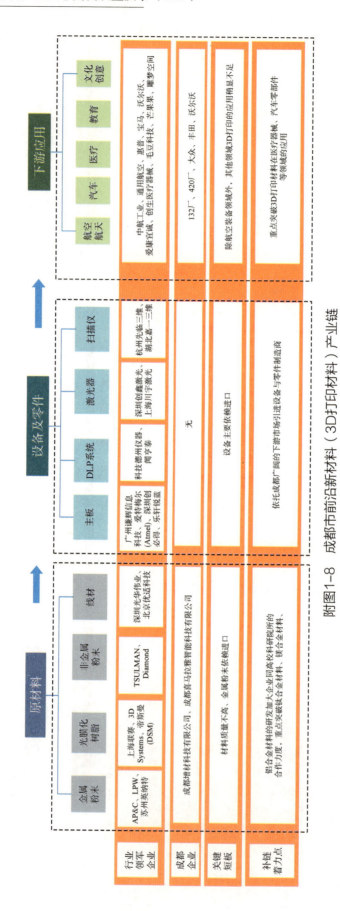

附图1-8 成都市前沿新材料（3D打印材料）产业链

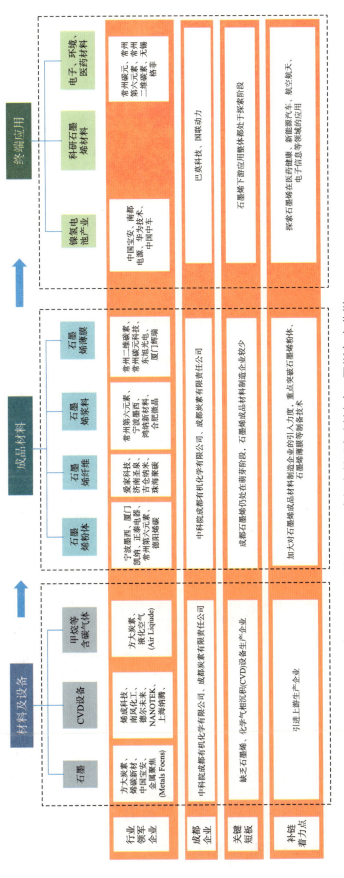

附图1-9 成都市前沿新材料（石墨烯）产业链

附录2　重点企业概况

成都市先进材料产业生态圈的重点企业概况见附表2-1。

附表2-1　成都市先进材料产业生态圈的重点企业概况

序号	企业名称	所在区（市）县	2019年营业收入/亿元	细分领域
1	成都宏明电子股份有限公司	成华区	18	电子信息材料
2	四川福蓉科技股份有限公司	崇州市	13	先进装备材料
3	成都巴莫科技有限责任公司	金堂县	22.5	新型能源材料
4	四川迈克生物先进材料技术有限公司	高新区	1.86	医药健康材料
5	蓝星（成都）先进材料有限公司	新津	1.18	高性能纤维及其复合材料
6	成都银河磁体股份有限公司	高新区	6.19	稀土功能材料
7	成都金发科技先进材料有限公司	双流区	11.78	先进高分子材料
8	中国科学院成都有机化学有限公司	武侯区	—	前沿新材料
9	攀钢集团成都板材有限责任公司	青白江区	20.58	先进钢铁材料
10	成都硅宝科技股份有限公司	高新区	11.58	有机硅先进材料
11	四川鑫瑞欣金属材料有限公司	大邑县	22.6	先进有色金属材料
12	四川奥克化学有限公司	彭州市	14.6	化工先进材料

一、成都宏明电子股份有限公司

成都宏明电子股份有限公司（原国营第七一五厂，以下简称"公司"）是国家"一五"时期156项重点建设工程之一，是具有60多年从事电子元器件科研生产历史的单位，是川投信息产业集团有限公司所属企业。公司的主要产品有：特种瓷介电容器，有机薄膜电容器，云母电容器，连接器、滤波连接器，正、负温度系数热敏电阻器，温度传感器，大功率厚膜电阻器，精密线绕电位器，精密导电塑料电位器，精密玻璃釉电位器，精密位移传感器，磁敏传感器，可变差动位移传感器，抗电磁干扰滤波器，板式阵列滤波器等。同时，公司还为客户提供电磁兼容系统解决方案及连接器互连解决方案。公司在行业领域主要为航天、航空、兵器、船舶、电子、核工业等系统的国家重点工程项目提供配套产品，其产品广泛应用于电子通信、汽车、家电、新能源等领域。

二、四川福蓉科技股份公司

四川福蓉科技股份公司〔原南平铝业（成都）有限公司，以下简称"公司"〕于2011年4月26日在成都崇州市设立，注册资本为3.5亿元，总资产约为10亿元。公司占地面积500亩，已陆续投资建设数十条自动化铝挤压生产线及配套的熔铸、深加工生产线，现有在册员工超过600人。公司目前是国内单体规模较大、技术力量领先的手机、平板电脑、笔记本电脑、通信器材等消费类移动终端产品用铝制关键零部件及精密深加工件的研发、制造厂家之一，是多家国际、国内知名互联网技术（IT）企业的主要供应商。

三、成都巴莫科技有限责任公司

成都巴莫科技有限责任公司（以下简称"成都巴莫"）是天津巴莫科技有限责任公司（以下简称"天津巴莫"）全资持股的子公司，天津巴莫成立于2002年8月，是一家主要从事锂离子电池材料研制、开发和产业化生产的国家级高新技术企业。成都巴莫的注册资本为1.978 9亿元，净资产为17亿元，其拥有员工1 000余人，并在天津高新技术产业园区和四川成都成阿工业园区同时建有国内智能化水平高、综合实力强的锂离子电池材料产业化基地。截至目前，成都巴莫已具备年产55 000吨的生产能力。

成都巴莫科技有限责任公司于2015年8月17日在成都市金堂工商局登记成立，项目已经成功投产。2019年，其实现产值22.5亿元。

四、四川迈克生物先进材料技术有限公司

四川迈克生物先进材料技术有限公司成立于1994年，拥有国际一流的研发、生产和管理运营团队；已完成从生物原材料、医学实验室产品到专业化服务的全产业链发展布局；具备研发制造体外诊断设备、试剂、校准品和质控品的系统化专业能力。其产品涵盖生化、免疫、即时检验（POCT）、凝血、输血、血细胞、尿液、分子诊断、病理等技术平台，并通过产品整合，可满足医学实验室90%以上的需求。

五、蓝星（成都）先进材料有限公司

蓝星（成都）先进材料有限公司（以下简称"公司"）是中国化工集团蓝星总公司旗下的企业，主要从事有机硅及特种氟材料、改性塑料及助剂、特种纤维、树脂及其复合材料的科研生产、工程化研究及工程总承包、分析测试及信息等领域。公司总建筑面积为99 327平方米。近年来，随着产业化的快速发展，公司已建成现代化产业基地。公司的多种产品出口到德国、西班牙、意大利、以色列、土耳其、马来西亚等国家。公司配套专业完善，研发资源优良。公司拥有科研、生产所必需的分析测试、信息、设计、仪

表、自动化、标准等专业配套，拥有甲级工程设计院、2 000多平方米的各类实验室、完备的小试研究和中试开发试验设备及先进的分析测试仪器、中外图书和各类期刊的合订本12.5万册及中外文期刊1 000余种、内容丰富的电子期刊及中外文数据库。

六、成都银河磁体股份有限公司

成都银河磁体股份有限公司（以下简称"公司"）是由成立于1993年的成都银河新型复合材料厂于2001年改制组建而成，经过十余年的不断发展，现已跻身世界粘结钕铁硼（MQI）行业前三强。公司专业生产各类粘结磁体，其产品广泛应用于硬盘驱动器、光盘驱动器、高密度数字视频光盘（DVD）的主轴电机、步进电机、直流电机、无刷电机、启动电机等。产品原料主要来自麦格昆兹国际公司（Magnequench International, Lnc）。产品主要出口到日本、韩国、美国和欧洲等发达国家和地区，主要客户有日本电产、JVC、索尼、美上美（Mitsumi）、韩国LG、韩国车马（Moatech）、台达电子、瑞士思博（SAIA-Burgess）等国际知名公司。2019年，成都银河磁体股份有限公司实现产值6.19亿元。

七、成都金发科技先进材料有限公司

成都金发科技先进材料有限公司（以下简称"金发科技"）是一家聚焦高性能先进材料的科研、生产、销售和服务，为创造更加安全、舒适、便捷的人类生活提供全新的材料解决方案的先进材料企业。金发科技总部位于广州科学城，旗下拥有47家子公司，在南亚、北美、欧洲等海外地区设有研发和生产基地。金发科技的产品以自主创新开发为主，其主要产品包括改性塑料、完全生物降解塑料、高性能碳纤维及其复合材料、特种工程塑料、轻烃及氢能源、环保高性能再生塑料六大类拥有自主知识产权的产品。金发科技材料以其高环境友好度和卓越的性能远销全球130多个国家和地区，为全球1 000多家知名企业提供服务。

八、中国科学院成都有机化学有限公司

按照中国科学院知识创新工程的总体战略和布局调整，由创建于1958年的中国科学院成都有机化学研究所整体转制组建的中国科学院成都有机化学有限公司（以下简称"公司"），于2001年6月注册成立，是一家高技术创新和产业发展并重的医药化工和材料领域的高新技术企业，是国内最早开创有机小分子催化及不对称合成的机构之一。公司是以不对称合成与手性技术、生物有机、药物合成、有机合成、催化先进材料与技术、新型储能材料与器件、纳米材料、精细化工、绿色化学与工艺、功能高分子、生物医用高分子，以及高分子合成与改性等为主要研究领域，以应用研究和高技术创新为主的综合性化学研究公司。

九、攀钢集团成都板材有限责任公司

攀钢集团成都板材有限责任公司（以下简称"公司"）的前身是攀钢集团成都薄板有限责任公司，成立于2005年12月，注册资本为10.07亿元。2007年5月，攀钢集团成都薄板有限责任公司吸收合并攀钢集团成都彩涂板有限责任公司，并于同年6月更名为攀钢集团成都板材有限责任公司。公司于2019年7月投入1.55亿元引进改良森吉米尔法和美钢联发镀锌工艺镀铝锌机组成套设备。公司通过兼并重组、技改、增资等一系列措施，彻底改变了

产品和生产线不匹配、产品单一的情况，逐年大幅提高产量，抵御市场风险的能力明显增强。公司目前具备年生产酸洗卷48万吨、冷硬卷40万吨、镀铝锌卷30万吨、彩涂卷10万吨和冷轧钛板2 000吨的生产能力。近年来，公司通过大力开展新产品开发和市场推广，已逐步将镀铝锌卷产品打造为国内知名品牌，在全国的市场占有率为60%以上。其彩涂产品已逐步打造为西南区域知名品牌。

十、成都硅宝科技股份有限公司

成都硅宝科技股份有限公司（以下简称"硅宝科技"），成立于1998年，地处中国有机硅工业的发源地，主要从事有机硅室温胶、硅烷及专用设备的研究开发、生产销售。硅宝科技于2009年10月在首批中国创业板上市，成为中国先进材料行业第一家、四川省第一家创业板上市公司。"硅宝"商标于2012年被国家工商总局认定为"中国驰名商标"，硅宝科技是有机硅室温胶行业唯一一家获此殊荣的企业。作为国家级高新技术企业、国家火炬计划重点高新技术企业，硅宝科技承担并完成了多项国家及地区重点科技攻关及技术创新计划项目，取得一批产业化成果，技术经济实力处于国内同行业领先地位，荣获"中国化工行业技术创新示范企业"及四川省"创新型试点企业"称号。2019年，硅宝科技实现产值11.58亿元。

十一、四川鑫瑞欣金属材料有限公司

四川鑫瑞欣金属材料有限公司的主要产品有制冷无缝光面铜管、R410专用铜管、直管、异型管椭圆铜管、十字铜管、蚊香盘管等。该公司一贯坚持"质量第一、用户至上、优质服务、信守合同"的宗旨，凭借着高质量的产品、良好的信誉、优质的服务，深受用户的喜爱，拥有国内最先进的设备和专业的生产团队。

十二、四川奥克化学有限公司

2017年6月24日，国内环氧乙烷精深加工规模最大和最具竞争力的上市企业辽宁奥克化学股份有限公司与成都金石达高新技术有限公司、嘉业石化有限公司签订《增资及股权转让协议》，原四川石达化学股份有限公司变更为四川奥克化学有限公司，成为辽宁奥克化学股份有限公司的控股子公司。四川奥克化学有限公司（以下简称"四川奥克"）作为中国石油四川石化公司1 000万吨炼油、80万吨乙烯工程下游配套项目企业，在成都石化基地投资4.6亿元，建成10万吨环氧乙烷深加工及1万吨正己烷项目，主要从事精细化学品生产和销售。经过2年多的发展，四川奥克扭亏为盈，在2019年实现利润9 400万元，向地方政府交税4 080万元。此外，四川奥克获得"A级成都市模范劳动和谐关系企业""危险化学品安全生产标准化二级达标企业"等荣誉称号。目前，四川奥克拥有西南地区最大的乙氧基化装置和环氧乙烷区位优势，拥有西南地区聚羧酸减水剂聚醚单体市场80%左右的份额。未来，四川奥克将致力于在精细化工和循环利用领域占据制高点，成为以研发与技术创新为主导的现代化高科技新型化工企业。

附录3　重点项目概况

2020年成都市先进材料产业亿元以上重大工业和信息化项目概况见附表3-1。

附表3-1　2020年成都市先进材料产业亿元以上
重大工业和信息化项目概况

序号	企业名称	项目名称	项目主要建设内容	1—3月投资/万元	总投资/万元
1	成都光启天府先进材料技术有限公司	光启成都先进材料装备生产基地项目	项目计划建设先进材料与结构件生产中心、特种行业工业级无人机生产中心及功能评估与测试中心。用地面积约150亩，建筑面积约为20万平方米	0.00	100 000.00
2	出光电子材料（中国）有限公司	成都高新西区出光电子材料（中国）制造基地项目	项目计划建设中国境内第一家有机发光半导体（OLED）电子材料的制造基地，以OLED电子材料生产制造和来料加工为主营业务，以销售服务、技术支持为配套服务。建筑面积为1.3万平方米	2 525.00	21 500.00
3	四川瑞隆达科技有限公司	安徽广通汽车内装材料研发及生产基地项目	项目计划建设年产20 000吨的汽车内装材料研发、生产基地	5 233.00	30 000.00
4	苍南县三维电子塑胶有限公司	液晶面板精密电子部件包装新型材料研发、生产基地及集团总部项目	项目计划建设年产4 000的吨液晶面板包装新型材料研发、生产基地。其他从事电磁屏蔽材料、绝缘材料、导电导热材料、光学产品及光电检测设备的研发、销售	—	56 000.00

附表3-1（续）

序号	企业名称	项目名称	项目主要建设内容	1—3月投资/万元	总投资/万元
5	成都大光热喷涂材料有限公司	大光热喷涂先进材料研发中心及生产基地项目	项目占地40亩，总投资为10亿元。项目计划建设先进材料研发中心及生产基地；分两期建设，一期投资6亿元，二期投资4亿元。主要产品为热障涂层材料和3D打印材料等多种新型复合材料及热喷涂材料	—	100 000.00
6	成都银河磁体股份有限公司	高性能稀土永磁材料	项目占地80亩，总投资为3亿元，建筑面积为6.6万平方米。项目计划建设粘结钕铁硼磁体、热压钕铁硼磁体、钐钴磁体等稀土材料的研发、生产基地。项目建成后，预计年销售收入在7亿元以上	3 802.00	30 000.00
7	成都和谐环保投资有限公司	中节能18万吨炉渣及工业固废再生材料研发及生产项目	项目建成投产后，年消纳炉渣、巨石工业废渣等废弃物18万吨，每年可生产5 000万匹以上的标砖、行道砖、多孔砖、护坡砖等免烧砖；可生产300万平方米的节能复合废渣混凝土轻质隔墙板	0.00	12 500.00
8	华鼎国联四川动力电池有限公司、华鼎国联四川电池材料有限公司	华鼎国联动力电池和电池材料项目	项目计划建设年产100亿瓦时动力电池、3万吨正极电池材料的生产基地	0.00	1 000 000.00
9	成都瑞邦新型建材有限公司	瑞邦公路养护材料（非沥青类热固性材料）、机械设备、农业设施生产基地	项目占地130亩，已建成3栋厂房及生产线，四期拟建设1栋2层综合楼、1栋单层厂房，总建筑面积约为6 800平方米	0.00	15 000.00

序号	企业名称	项目名称	项目主要建设内容	1—3月投资/万元	总投资/万元
10	宁波荣山新型材料有限公司	宁波荣山绿色建筑节能先进材料研发与产业化生产基地项目	项目拟与浙江大学建立西南无机非材料研发中心，在我区成立中日合资企业，建设智能化全自动制板生产线8条、玻化微珠制备生产线2条，实现膨胀玻化微珠无机保温板20万立方米/年，膨胀玻化微珠100万立方米/年	0.00	20 000.00
11	成都浩方汇通复合材料有限公司	高性能玻纤增强型复合材料项目	项目用地面积约35.213 2亩，总建筑面积约为24 000平方米，项目计划建设3条高性能玻纤增强型复合材料自动化成型生产线，购置先进的复合及玻纤增强等核心设备10余台（套），建成年产6 000吨高性能玻纤增强型复合材料生产基地	0.00	11 000.00
12	成都市建泰道路工程有限公司	新型路面材料生产基地项目	项目用地面积约45亩，购置瑞士安迈公司最先进5000型拌和站一套、热再生设备一套等，计划建成年产量达40万吨的新型路面材料生产线	0.00	11 000.00
13	厦门钨业股份有限公司	钼先进材料先进制造（出口）基地项目	项目采用自主研发的萃取法钼酸钠转型制钼酸铵、全球最大的全自动15管还原炉制钼粉等全球首创新型工艺，计划建设一条10 000吨钼先进材料产业线，建成钼先进材料先进制造（出口）基地	0.00	100 000.00
14	四川瀚达实业有限公司	电子浆材（先进材料）生产基地项目	项目主要投资建设电子浆料（先进材料）生产基地	0.00	13 000.00

序号	企业名称	项目名称	项目主要建设内容	1—3月投资/万元	总投资/万元
15	水润天府先进材料有限公司	智慧海绵城市先进材料生产及研发	项目的总建筑面积为20 497.76平方米。其中，生产车间的建筑面积为14 701.68平方米，维修间的建筑面积为322.08平方米，备品备件库的建筑面积为322.08平方米，设备间的建筑面积为558.87平方米，分析楼的建筑面积为2 926.56平方米，堆棚的建筑面积为1 551.89平方米	12 818.00	20 000.00
16	西卡德高（成都）先进材料有限公司	新型建筑材料干砂浆项目	企业拟投资2亿元，租赁12 000平方米厂房，主要生产新型环保防水建筑材料	0.00	20 000.00
17	成都欣桂保温材料有限公司	新型节能环保保温材料聚乙烯（PE）、聚对苯二甲酸乙二酯（PET）膜生产项目	项目的总建筑面积约为1.6万平方米。项目新建了厂房及配套用房，主要生产墙体保温材料、PE或PET膜等产品	3 314.00	15 000.00
18	成都巴莫科技有限责任公司	高能量密度动力锂离子电池材料产业化先进智能制造项目	项目计划新建生产车间、研发车间、变电站及其他配套生产用房，规划新建建筑面积为200 000平方米，计划购置生产工艺及配套检测设备，建成年产50 000吨的高镍材料生产线	4 681.00	330 843.00
19	华美节能科技（成都）有限公司	年产50万立方米高端保温材料项目	项目的建筑面积为23 265平方米，其中包括车间、库房、辅房、公用配套设施。车间、库房建筑以轻钢结构为主，公用配套工程为实体建筑	5 010.00	40 000.00

序号	企业名称	项目名称	项目主要建设内容	1—3月投资/万元	总投资/万元
20	四川世茂先进材料有限公司	节能环保新型墙体材料生产项目	项目计划建设全钢结构工业现代化厂房和仓库、办公楼及员工宿舍等及配套设备，主要生产免拆保温模板，年产量约4万平方米	9 756.00	52 000.00
21	四川路创环保科技有限公司	海绵城市先进材料生产项目	项目计划建设2座厂房（建筑面积约为9 634.32平方米），1栋综合楼（建筑面积约为713.04平方米）；购置沥青搅拌站生产设备及配套环保设备，建设1条海绵城市先进材料生产线（生产线建成后，达到年产海绵城市先进材料40万吨）	4 226.00	20 000.00
22	成都尚威耐火材料有限公司	新型耐火材料、节能装配式建筑轻钢结构件及先进材料工程项目	项目新建生产厂房2栋及相关配套设施，建成建筑先进材料生产线	6 879.00	30 000.00
23	成都中节能反光材料有限公司	新型节能反光材料生产基地	项目拟建设6条年产5 000吨硅微球生产线、1栋厂房及1栋实验车间	3 209.00	30 000.00
24	成都大宏立机器股份有限公司	绿色材料成套装备智能制造项目	项目占地170亩，新建绿色材料成套装备智能制造项目	—	53 000.00
25	四川帅奇科技有限公司	正好电子新型建筑装饰材料项目	项目占地约38亩。建设面积为21 533.29平方米。项目拟建设智能家居铝板制品生产线厂房	3 400.00	12 000.00

附表3-1（续）

序号	企业名称	项目名称	项目主要建设内容	1—3月投资/万元	总投资/万元
26	四川利人重工机械有限公司	四川利人重工机械有限公司钢结构住宅装配式结构构件生产及桥梁构件、钢结构生产材料基地项目	项目占地约40亩，拟建设集团总部及轨道交通辅助钢结构、装配式建筑体原材料生产基地。该基地主要生产焊制H型钢，年产量预估为2 000万吨	—	20 000.00
27	成都市博伦沃德新能源科技有限公司	锂离子电池用三元正极材料制造	项目租用四川新浩龙铜业场地约80亩，采购混料机、轨道窑炉等配套设备10套以上，年产20 000吨锂离子电池用正极材料	—	110 000.00
28	成都迪奥生物科技有限公司	医用可吸收先进材料及耗材生产基地项目	项目占地约18亩，拟建设医用可吸收先进材料及耗材生产基地，年产可吸收的骨环抱器5万个、骨钉20万枚、扎带30万根、数字化胸腔引流器1万个	—	20 000.00
29	成都惠锋智造科技有限公司	建设年产23 000吨先进材料、1 500万件金刚石制品项目	项目占地71亩，建筑面积为30 000平方米，一期占地2.4公顷，二期占地约2.33公顷；一期建筑面积为16 000平方米，二期建筑面积为14 000平方米。项目新建厂房（办公楼）及配套基础设施，购置安装自动压机、自动烧结机等机器设备120台，开展先进材料及金刚石锯片（产品）加工制造生产。项目建成后，年产23 000吨先进材料、1 500万件金刚石制品	—	51 000.00

序号	企业名称	项目名称	项目主要建设内容	1—3月投资/万元	总投资/万元
30	四川安普瑞医药科技有限公司	医药包装环保新型材料基地项目	项目占地约33亩，新建生产厂房、办公区等配套设施。项目拟购置多层共挤旋转机头吹膜机组、流涎型膜机组、高速电子轴凹版设备、高速智能复合机、高速智能品检机生产设备等共计80台（套），投资7 000万元；对水电气及其他基础设施投入6 000万元；年产医药及其他产品包装材料15 000吨，年产值为35 000万元	—	18 000.00
31	四川信敏绿色新建筑材料科技有限公司	邛崃市信敏建设新型建筑材料生产线项目	项目新建建筑材料综合利用车间、骨料再生利用生产线、磷石膏综合利用车间、装备式混凝土（PC构件）生产车间及配套设施，年生产混凝土预制构件50万立方米、砂浆预制构件10万立方米	—	52 000.00
32	成都市博涛智能装备制造有限公司	邛崃市博涛新能源电池材料设备生产基地项目	项目占地约67亩，建设包括新能源电池材料设备生产线及其配套设备、设施等，年制造锂离子电池自动化生产成套装备30套	—	25 000.00
33	四川四丁先进材料科技有限公司	邛崃市四丁科技先进材料项目	项目占地约34亩，新建生产厂房及配套设施（厂房为钢结构）。项目购买并安装德国设备——大口径超高相对分子质量聚乙烯/稀土纳米复合材料结构壁热态缠绕管的生产线20余条，年产结构壁热态缠绕管约20 000吨	—	50 000.00
34	蜀羊防水材料有限公司	蜀羊防水材料生产项目	项目占地约86亩，建设高分子防水卷材、防水涂料生产线，年产高分子防水卷材4 000万平方米、防水涂料5万吨	—	30 000.00

附录4　名词解释

（1）四大特色材料是指成都主导产业发展需要的电子信息材料、先进装备材料、新型能源材料和医药健康材料。

（2）四大优势材料是指成都具有一定产业基础和技术优势的高性能纤维及其复合材料、先进高分子材料、稀土功能材料和前沿新材料。